RÉPUBLIQUE FRANÇAISE
Liberté—Égalité—Fraternité

DÉPARTEMENT DE LA SEINE

DIRECTION DES AFFAIRES DÉPARTEMENTALES

ÉTAT DES COMMUNES

A LA FIN DU XIXᵉ SIÈCLE

publié sous les auspices du Conseil Général

VANVES

NOTICE HISTORIQUE
ET
RENSEIGNEMENTS ADMINISTRATIFS

MONTÉVRAIN
IMPRIMERIE TYPOGRAPHIQUE DE L'ÉCOLE D'ALEMBERT
1901

MONOGRAPHIES

En vente :

ÉPINAY
PIERREFITTE
STAINS
VILLETANEUSE
ORLY
DUGNY
ANTONY
LE BOURGET
THIAIS
RUNGIS
FRESNES
DRANCY
LE PLESSIS-PIQUET
VILLEMOMBLE
BONDY
GENNEVILLIERS
ROMAINVILLE
BOURG-LA-REINE
LA COURNEUVE

BOBIGNY
SCEAUX
BONNEUIL-sur-MARNE
L'HAŸ
LES LILAS
ROSNY-SOUS-BOIS
NOISY-LE-SEC
AUBERVILLIERS
CHATENAY
L'ILE-SAINT-DENIS
BAGNEUX
CHEVILLY
PANTIN
CHATILLON
ARCUEIL-CACHAN
MALAKOFF
ALFORTVILLE
FONTENAY-aux-ROSES
VANVES

Sous presse :

BRY-SUR-MARNE
VILLEJUIF

BAGNOLET
SAINT-OUEN

En préparation :

SAINT-DENIS

CHOISY-LE-ROI

RÉPUBLIQUE FRANÇAISE
Liberté — Égalité — Fraternité

DÉPARTEMENT DE LA SEINE

DIRECTION DES AFFAIRES DÉPARTEMENTALES

ÉTAT DES COMMUNES

A LA FIN DU XIX⁰ SIÈCLE

publié sous les auspices du Conseil Général

VANVES

NOTICE HISTORIQUE

ET

RENSEIGNEMENTS ADMINISTRATIFS

MONTÉVRAIN
IMPRIMERIE TYPOGRAPHIQUE DE L'ÉCOLE D'ALEMBERT
—
1901

NOTICE HISTORIQUE

VANVES[1]

___

Anciennement, communauté de la Généralité et de l'Élection de Paris, paroisse du doyenné de Châteaufort.

De 1787 à 1790, municipalité du département de Corbeil et de l'arrondissement de Bourg-la-Reine.

De 1790 à l'an IX, commune du district de Bourg-la-Reine (supprimé par la Constitution de l'an III) et du canton d'Issy.

De l'an IX à 1893, commune de l'arrondissement et du canton de Sceaux.

Chef-lieu de canton de l'arrondissement de Sceaux en vertu de la loi du 12 avril 1893.

___

1. Aucune autre localité que celle du département de la Seine ne porte le nom de Vanves. On ne peut citer, comme forme s'en rapprochant, et sans pour cela que l'étymologie soit nécessairement la même, que Vanvey, au département de la Côte-d'Or, arrondissement et canton de Châtillon-sur-Seine.

I. — FAITS HISTORIQUES

Le territoire de Vanves, avant qu'il n'ait été diminué presque de moitié par la création de Malakoff en commune distincte, occupait dans la région Sud de Paris, à la fois un repli de terrain s'abaissant dans la direction de la vallée de la Seine, vers le territoire d'Issy, et toute la partie orientale du plateau qui, du côté de Montrouge, domine la rive gauche de la Bièvre. L'agglomération historique se constitua dans la région la plus basse où abondaient des sources fécondantes; depuis une vingtaine d'années, la région du plateau a commencé à se couvrir de maisons, dont le nombre va toujours croissant, en dépit des carrières d'argile qui en entrecoupent le sol.

Il faut renoncer à fournir une explication du nom de Vanves, que les textes anciens orthographient le plus souvent Vanvres. On a proposé, comme étymologie, les mots *Banna* ou *Vanna*, se rattachant à une idée de pêcherie de poisson; mais, outre que le territoire de Vanves n'a jamais atteint jusqu'à la Seine, ces formes latines auraient donné, conformément aux lois de l'étymologie, les formes françaises Benne, Venne ou Vanne.

Le plus ancien acte dans lequel figure le nom de Vanves est une charte de 998 environ, par laquelle le roi Robert le Pieux reconnaissait à l'abbaye parisienne de Saint-Magloire la possession de cinq arpents de vignes à Vanves, *in Venva*. Mais ce fut une autre abbaye de Paris, bien plus puissante, d'ailleurs, que celle de Saint-Magloire, l'abbaye de Sainte-Geneviève, qui posséda la seigneurie de Vanves. On en a des preuves dès le milieu du XIe siècle, époque à laquelle le doyen de cette abbaye conféra l'affranchissement au fils de Jean, maire de Vanves. Le maire, au temps de la féodalité, était l'administrateur temporel du domaine seigneurial.

Au siècle suivant, il est encore fait mention, dans plusieurs circonstances, des conditions dans lesquelles les serfs ou les serves de Vanves pouvaient se marier avec des serfs ou des serves d'autres villages. Ces privilèges étaient considérés comme très importants, et il fallait une charte royale pour les autoriser.

Enfin, en 1247, l'abbaye de Sainte-Geneviève suivit le grand mouvement d'émancipation qui eut lieu alors et affranchit en bloc tous les habitants de Vanves. Il va sans dire que ce fut moyennant finance.

Les annales de Vanves offrent un intérêt fort médiocre durant le moyen âge. Il faut citer un fait curieux, que rapporte l'abbé Lebeuf, le seul historien qui se soit, jusqu'ici, occupé de traiter avec détails l'histoire du village : « Tous les ans, dit-il, le jour de la Trinité, il y avoit une cérémonie à Vanves qu'on appeloit la fête de l'Épée. Elle consistoit en ce que les domestiques des bourgeois de ce lieu et d'autres proposoient un prix à celui d'entre eux qui, prenant sa course de la porte d'Enfer de Paris, atteindroit le premier à la porte de Vanves, et ce prix étoit une épée d'un prix assez considérable. Il falloit que quelqu'un donnât aux concurrents le signal pour partir de la porte d'Enfer, qui étoit située vers ce qu'on appelle aujourd'hui la place Saint-Michel [actuellement l'intersection de la rue Monsieur-le-Prince et du boulevard Saint-Michel]. L'abbé et les chanoines de Sainte-Geneviève prétendoient avoir ce droit, ou plutôt leur chambrier, comme étant seigneurs du lieu, et alléguoient la possession depuis quelques années. Les habitants de Vanves prétendoient le contraire. Jean de Borret, abbé, fit là-dessus un accord avec eux, l'an 1342. On ignore combien de temps dura encore cet usage de la course de Vanves. Il fut enfin aboli à cause des querelles et des batteries auxquelles il donnoit lieu. On observera, en passant, qu'il y avoit alors une porte à Vanves, qui, par conséquent, étoit un bourg muré. Peut-être que ce fut la cessation de la course pour l'épée qui donna occasion aux mêmes habitants de Vanves d'introduire un autre exercice pour l'hiver. C'est ainsi qu'ils s'avisèrent, sous le règne de Charles VI, de jouer dans les vignes et de s'y exercer à la crosse; mais on lit dans les Registres du Châtelet que cela leur fut défendu le 20 décembre 1409. »

Cette citation d'un écrivain du XVIIIᵉ siècle appelle quelques observations. Si Lebeuf n'inspirait pas la plus entière confiance par la sûreté de sa critique et de ses informations, on aurait quelque peine à croire à une course de ce genre, organisée le jour de la Trinité, c'est-à-dire en plein été, alors qu'un pareil divertissement exige plutôt une température fraîche, mais nous voulons bien en admettre la réalité. Quant à la porte d'Enfer, elle n'a jamais existé sous ce nom, et il est bien vraisemblable, étant données précisément les contestations auxquelles la course donna lieu, que le point de départ était à une porte de l'abbaye de Sainte-Geneviève, *porta infera*, qui alors signifierait : porte située dans la partie basse de l'enclos. Enfin, de ce que le texte parle de la porte de Vanves, il n'en faut pas conclure formellement que le village était clos de murs, car on n'en a nulle autre preuve ; la porte de Vanves peut très bien avoir été l'entrée de Vanves, la première maison, ou la porte de l'église, à moins que ce n'ait été la porte de l'hôtel seigneurial de l'abbaye.

Ces réserves faites, la fête de l'Épée appartient au domaine de l'histoire ; il n'en est pas de même d'un autre fait anecdotique que plusieurs historiens, ordinairement sérieux, ont accrédité, et qui n'est qu'une pure plaisanterie. Ces historiens racontent gravement qu'en 1750, l'âne et l'ânesse de deux habitants de Vanves s'étant pris de querelle, l'âne fut amené à renverser et à mordre cruellement la femme qui chevauchait sur l'ânesse, d'où poursuite en justice, et production, à la date du 19 septembre 1750, d'un certificat attestant la douceur et les bonnes mœurs de l'âne incriminé, certificat signé de Pintarel, alors réellement curé de Vanves, et de plusieurs autres habitants du village. En outre, un factum judiciaire fut imprimé sous ce titre : *Mémoire pour l'âne de Jacques Feron, blanchisseur à Vanvres, demandeur et défendeur, contre l'asnesse de Pierre Leclere, jardinier-fleuriste, demanderesse et défenderesse.* Tous les faits de la cause y sont exposés en grands détails, et il est à noter que la scène se passe non à Vanves, mais à Paris, près de la porte Saint-Jacques. Quelques années plus tard, ce factum ayant eu beaucoup de succès fut réimprimé, mais cette fois, avec une note qui ne laisse aucun doute sur son caractère : « Cette *plaisanterie* est de M. R*** D. J***, aujourd'hui conseiller au Parlement de M*** ».

Revenons à des faits plus sérieux. En 1399, Jean de Montigny, écuyer, est mentionné comme seigneur en partie de Vanves (*Mémoires de la Société de l'histoire de Paris*, t. XVII, p. 25).

Il est deux fois question de Vanves dans le *Journal d'un bourgeois de Paris*, sous Charles VI : en 1417, pour dire quels ravages le parti du duc de Bourgogne y exerça, et, en 1427, à propos d'une procession à laquelle prirent part les habitants de Vanves, au mois de juin « pour la pitié de la grant eau et pour la pitié de la froidure qu'il faisoit, car à ce jour n'eust-on point trouvé une fleur ».

Le 18 juin 1426, Henri VI, alors roi d'Angleterre, donna à Jean de la Rochetaillée, archevêque de Rouen, les biens que Jean Taranne possédait à Vanves. L'énumération de ces biens est curieuse par les indications qu'elle fournit sur les noms d'homme et de lieu :

S'ensuivent les heritages qui furent à feu Jehan Taranne, assis entre la ville de Vanves et ou terroir d'environ, c'est assavoir un hostel assis ou carrefour de la Fontaine oudit lieu de Vanves, tenant d'une part aux hoirs Colin de Landeville et d'autre part à la fontaine de Vanves, aboutissant par derrière à maistre Gieuffroy de Mazerolles, auxquels appartiennent une court, estable, hostel et jardin avec un arpent de vigne derrière, tout clos à murs. *Item*, un clos nommé le clos de la Briesche, où il a une vieille masure et quatre arpens et demi de vigne en une pièce. *Item*, un arpent de vigne ou terroir dudit lieu de Vanves, oudit lieu dit Haye d'Eremille, tenant d'une part à Jehan Berthe, et d'autre part à Perrin Séjour. *Item*, un quartier ou terroir de Garmant, tenant d'une part à Jehan Ferry. *Item*, trois quartiers en groes, tenant d'une part à Denisot Foulon. *Item*, un arpent en la voie d'Erpineau, tenant d'une part à Jehan le Pelu. *Item*, un arpent et demi de l'autre part de ladicte voie d'Erpineau, tenant d'une part à Jehan de Baigneux et d'autre part à ladicte voie. *Item*, demi-arpent au Bas-Mesnil, tenant d'une part à maistre Gieuffroy de Mazerolles. *Item*, un arpent ou Haut-Mesnil, tenant d'une part à Thenot Lorin. *Item*, demy arpent à la voie du Parc, tenant d'une part à Colin le Changeur. *Item*, demy arpent ou terroir d'Entre-Deux-Voyes, tenant d'une part aux héritages qui furent maistre Macé Heron. *Item*, un quartier ou terroir de la Girarde, tenant d'une part aux hoirs feu maistre Girard Tosté. *Item*, trois quartiers sur la Cave Jehan de Vaudetar, ou lieu dit les Ruelles, tenant d'une part à la Montignie. *Item*, XII sols parisis de rente en et sur une pièce de vigne assise en Hanapeau, oudit terroir de Vanves, qui fu et appartint à Jehan Billart. *Item*, huit sols parisis de rente en et sur demi-arpent de vigne assis à la Croix-Blanche oudit terroir, appartenant à Loys de Maupas, tenant d'une part à maistre Pierre de Marigny, et d'autre part à Pierre Genevois. *Item*, six sols parisis de rente sur un quartier de vigne assis ou lieu dit la Girarde, oudit terroir de Vanves, tenant d'une part à Perrenet de Vaudetar et d'autre part à Jehan de la Roche, appartenant de present à Philippot de Taboise. *Item*, huit solz parisis de rente sur demi-arpent de plant assis à Cloiseaux, tenant d'une part à Jehan de Baigneux et d'autre part au sentier des diz Cloiseaux, appartenant de present à Remy Pilleron. *Item*, seize sols parisis de rente sur un arpent de vigne assis ou lieu dict Chasteignier, ou terroir de Vanves, tenant d'un costé à Jehan de Fontenoy, et d'autre costé à Thenot Doré, laquelle vigne fu derrenièrement à Denisot Chevalier, qui la laissa en friche et est demourante en la main des religieux de Sainte-Geneviefve comme seigneurs fonciers, et par deffault de cens non paié 1.

1. A. Longnon, *Paris sous la domination anglaise* ; Paris, 1878, in-8, pp. 216-7.

Certains de ces noms se sont conservés et se lisent sur le plan de Lefèvre et la récente carte du service des Ponts et Chaussées: la Croix-Blanche et les Clozeaux, à Malakoff; les Garmants, près du territoire de Clamart; le Bas-Mesnil, qui, avec « les Hauts-Mesnils », appartient maintenant aux communes de Châtillon et de Bagneux.

Louis-Auguste de Thou, qui fut ambassadeur de France en Hollande et mourut en 1667, possédait une résidence à Vanves. Le fait, vaguement indiqué par quelques historiens, est confirmé par la quittance suivante, qui appartient à la collection Dupuy, conservée à la Bibliothèque nationale, département des manuscrits (vol. 640, fol. 214, 2°) :

Je recongnois et confesse debvoir à Thomas Chauvin, serrurier demeurant à Vanves, la somme de deux cens vingt livres pour reste des partyes arresté jusques au dix neuf decembre mil six cens soixante et huict. Fait à Vanves, ce vingt troisiesme jour de juillet mil six cens soixante et neuf. Au bas, signé Louis-Auguste de Thou.

Ce faict et collationné et pris sur l'original, par moy notaire et tabellion royal résidant à Vanves, ce douziesme jour octobre mil six cens soixante et douze ; ycelui rendu audict Chauvin ledit jour et an que dessus.

Delfuze

Il est bien vraisemblable que la demeure de Louis-Auguste de Thou est la même que celle qui fut acquise par M. de Montargis ; celui-ci la fit reconstruire par Mansart. « Cette seigneurie et ce château situés proche d'Issy, dit l'abbé Lebeuf, furent achetés en 1718 par M. le duc de Bourbon pour lui servir de maison de plaisance dans un temps où son assiduité auprès du roi ne lui permettoit plus d'aller souvent à Chantilly. La description qu'on en trouve dans Piganiol, d'après un journal périodique (le *Mercure* de septembre 1721), marque que ce château est bâti sur le haut de la montagne, dans un lieu inculte, mais avec tant d'art que ce qui faisoit une defectuosité, se trouve heureusement changé en magnifiques terrasses dont la vue est charmante de tous les côtés. A deux cents toises de ce château, dans le plus bas terrain, est un grand bassin dont on voit le jet d'eau au travers du vestibule. Quoique le parc ne soit pas d'une grande étendue, il répond parfaitement à la magnificence des jardins par la variété des ornements et des beautés de la nature et de l'art qu'on y a conservées et pratiquées ».

Cette belle résidence est devenue, après bien des changements que nous noterons en leur temps, le lycée Michelet.

En 1787, lors de la révolution administrative qui créait, à côté des intendants, des assemblées provinciales, divisait les provinces en départements et reconstituait les municipalités, Vanves se trouva faire partie du département de Corbeil et de l'arrondissement de Bourg-la-Reine. Sa municipalité rédigea, pour les États généraux de 1789, un cahier de doléances dont voici le texte :

Cahier des doléances, plaintes et remontrances des habitants de la paroisse de Vanves.

Aujourd'hui 13 avril 1789, en vertu de l'ordonnance de M. le prévôt de la vicomté de Paris, adressée le 10 de ce mois au syndic de la municipalité de la paroisse de Vanves pour la convocation des habitants de ladite paroisse à l'effet de procéder à la formation des cahiers de doléances et représentations des habitants de ladite paroisse pour être présentés aux États généraux qui seront chargés de présenter lesdits cahiers à l'assemblée qui sera tenue, le 18 courant, à l'archevêché de Paris, et ladite assemblée des habitants de Vanves ayant eu lieu ce jour, 13 avril 1789, chacun des habitants pénétré de respect et de reconnaissance pour les bontés paternelles et les bonnes intentions manifestées par Sa Majesté d'établir parmi ses sujets une égalité d'ordre et de justice qui fassent trouver à tous et à chacun en particulier, avec la sûreté individuelle, celle de ses propriétés, de son industrie et de son rang dans la société ;

Considérant en même temps que l'état des finances du royaume, amené par des circonstances malheureuses au point de délabrement le plus affreux, il ne nous paraît d'autre moyen de concilier ce qu'il est possible de faire pour réparer ce grand désordre, avec le moyen de diminuer le fardeau des impositions sur la paroisse de Vanves que celui de proposer la réforme de quelques abus dont les effets sont de favoriser une partie des citoyens en tyrannisant, décourageant et ruinant les autres. Ce sera de la réforme des abus que renaîtront l'activité et la solvabilité des contribuables.

Les représentations et réclamations des habitants de la paroisse de Vanves sont peu étendues, mais malheureusement elles se trouveront dans la classe des plus graves ; toutefois, elle fera en sorte qu'elles soient justes et qu'elles ne s'écartent pas du but, qui est de concourir au bien.

La paroisse de Vanves est située dans un circuit marqué par la Ferme, lequel elle nomme banlieue ; elle y a introduit, par succession de temps, des petits, des moyens, et enfin de très gros droits, connus sous la dénomination de droits rétablis, droits qui n'ont d'autres titres que dans la persévérance et les moyens des fermiers, sauf à soutenir quelques procès presque toujours contre des personnes sans ressources, et à qui, très souvent, il ne reste que le temps de réparer, par de nouveaux travaux, les torts et les injustices qu'elles viennent d'éprouver.

Ce droit de banlieue, ce droit aussi énorme qu'injuste, n'a jamais été directement ordonné par aucun de nos rois, et ces sortes de droits n'ont aussi jamais eu lieu que pour les villes closes. Les tailles ont toujours été appliquées aux campagnes. La paroisse de Vanves et vingt-neuf campagnes situées en banlieue sont prêtes à fournir sur ce sujet les détails les plus satisfaisants ; c'est donc contre ce droit de banlieue que la paroisse de Vanves réclame, et l'on va voir, par ce qui suit, si la réclamation est juste.

Le terrain de la paroisse de Vanves est sablonneux, mauvaise espèce de terre que la moindre sécheresse rend stérile.

Son territoire est composé de :

980 arpents de terre labourable.
250   —   de vigne.
131   —   en maisons et jardins.

Total . 1.361 arpents.

Aucune de de ces terres ne pourrait s'affermer plus de 15 à 20 livres l'arpent ; le fermage des 1.361 arpents, à 20 livres l'arpent, donnerait donc une somme de 27.220 livres, et la paroisse de Vanves paye, savoir :

Taille	6.945 livres
Capitation	4.810 —
2ᵉ brevet	3.380 —
Corvée	762 —
Vingtième	3.627 —
Total	19.074 —

Demandent lesdits habitants que ces différentes dénominations, ainsi que la partie des aides, soient réduites à un seul nom, de laquelle un seul et unique impôt soit perçu.

Par cet aperçu, il résulte qu'il reste peu de choses pour faire subsister la paroisse de Vanves ; cependant il lui reste son industrie, qu'elle a portée sur le blanchissage du linge, et c'est cette même industrie que la ferme poursuit avec la même avidité qu'elle poursuit toutes les branches de commerce du royaume.

Cependant, comment la ferme pourrait-elle rendre plausible la perception de droits énormes à Vanves, tandis que Clamart, Meudon, qui touchent, pour ainsi dire, Vanves, font le même commerce, et tant d'autres qui ne sont nullement assujettis au droit de banlieue ?....

Les articles suivants, — où l'emphase se mêle à des considérations d'un caractère trop général pour des doléances locales — ont pour objet de réclamer la suppression des capitaineries, le droit pour les jeunes gens de se faire remplacer sous les armes par le payement d'une imposition, d'autant mieux qu'on pourrait rendre aptes à la discipline les sujets renfermés dans les maisons de force, l'emprisonnement dans ces maisons de force des « vagabonds et sujets sans aveu trouvés sur les routes », la conversion de l'impôt des gabelles, la libre circulation des produits de fabrication nationale, la suppression du pâturage des troupeaux des bouchers parisiens sur le territoire de Vanves, le règlement des droits du curé sur les mariages et enterrements.

« *Signé :* Alban ; Duval ; C. Potin ; Mallet ; Plet ; E.-J. Dumet ; J. Ribout ; J. Ribon ; Le Blanc ; Lotron ; F. Potin ; N. Minard ; E. Potin ; François Charles ; d'Arcenay ; Pénard ; Cay ; Bordier ; M. Drouard ; Koliker ; Le Turc ; Vincent ; Pierre Housseaux ; V. Durécu ; Feniblet ; de Gaulle ; F. Bailly ; Ponsfarrès ; J.-B. Drouard ; Simon ; Le Blanc ; J.-B. Potin ; J. Drouard.

« Paraphé au désir de notre procès-verbal de ce jourd'hui 20 avril 1879, *ne varietur*.

« DE GAULLE [1] »

La fête de la Fédération, le 14 juillet 1790, fut célébrée dans le canton d'Issy avec une grande solennité. Les quatre communes du canton, Issy, Clamart, Vanves et Vaugirard, s'étaient concertées à cet effet, et leurs maires avaient tiré au sort laquelle des quatre aurait la présidence de la fête. Issy eut le n° 1, Clamart, le n° 2, Vanves, le n° 3 et Vaugirard le n° 4. Il fut décidé que la présidence se transmettrait chaque année à l'une des quatre communes, dans l'ordre ainsi établi.

Le registre de délibérations de Vanves nous fournit la curieuse relation qui suit de la fête de 1790 :

Le mercredi quatorze juillet, jour à jamais célèbre dans les fastes de la liberté françoise, étant arrivé, les quatre communes se réunirent chacune sous son drapeau et se rendirent dans l'ordre prescrit à la magnifique avenue qui embellit l'entrée de la maison de M. de Condé.

La commune d'Issy marchoit la première ayant à sa tête M. Jean-Baptiste Gogue, son maire et président de la fédération, ses officiers municipaux, ses notables et M. Charles Letourneur, son curé, chargé en cette qualité de bénir le guidon et de célébrer la messe sur l'autel dédié au seul arbitre des humains, au milieu de l'avenue.

Cet autel étoit à quatre faces, et du centre s'élevoit une pyramide émaillée de fleurs, ornée d'attributs militaires et portant sur les quatre côtés ces quatre devises : *Liberté conquise ; — la Nation ; — la Loi ; — le Roi.*

Le commandement général fut exercé, au nom de la commune présidente et en l'absence de M. Claude Bayard, par M. Jean-Louis-Charles Darras, capitaine de la compagnie du centre de la garde nationale de ladite commune, et le guidon étoit porté par M. Edme-Michel Dayoz, lieutenant de ladite compagnie, nommé à cet effet.

1. *Archives parlementaires*, t. V, pp. 156-7.

Après la commune d'Issy, marchoit celle de Clamart, ayant à sa tête M. François des Prés, son maire, ses officiers municipaux, ses notables, commandée par M. François-Germain Vauvray, commandant sa garde nationale.

La commune de Vanves tenoit le troisième rang sous le commandement de M. Claude Pasquin, commandant sa garde nationale, et avoit à sa tête M. François Potin, son maire, ses officiers municipaux et ses notables.

Venoit ensuite la commune de Vaugirard, commandée, en l'absence de M. Lefebvre, par M. Emmanuel-Toussaint Beret fils, capitaine de la première compagnie, et par M. Jean Mauroy, capitaine de la seconde compagnie de la garde nationale, et avoit à sa tête M. Gervaise, son maire, ses officiers municipaux et ses notables.

Enfin, la marche étoit fermée par la brigade de maréchaussée résidente audit Vaugirard, sous les ordres de M. Jacques Badel, qui avoit demandé d'être admis à la fédération avec ses cavaliers.

Une foule de citoyennes vêtues de blanc, et des compagnies d'enfans armés suivant leur âge, suivoient ou accompagnoient les frères d'armes des communes dans le même ordre, et sembloient, par leur allégresse, ajouter à celle qui animoit tous les cœurs.

Quand on eut fait halte autour de l'autel de la Fédération, les quatre corps municipaux se réunirent, et un vaste silence ayant annoncé le recueillement des esprits, le célébrant commença la cérémonie par la bénédiction du guidon fédératif, qui fut suivie de la messe et des prières pour le Roi.

En attendant le signal qui devoit être donné, à midi précis, du Champ de la confédération nationale, M. le Président, à la réquisition des procureurs des quatre communes, proposa pour le serment la formule suivante :

« Jurez-vous d'être à jamais fidèles à la Nation, à la Loi et au Roi ?

« Jurez-vous d'entretenir de tout votre pouvoir la Constitution votée par l'Assemblée nationale, acceptée par le Roi ?

« Jurez-vous de protéger, conformément aux lois, la sûreté des personnes et des propriétés, la libre circulation des grains et subsistances dans l'intérieur du Royaume, et la perception des contributions publiques légalement établies ?

« Jurez-vous de demeurer unis à tous les François et particulièrement à tous les individus qui habitent ce canton, par les liens indissolubles de la fraternité ?

« Jurez-vous de vous prêter mutuellement, à la première réquisition de vos municipalités respectives, tous les secours que vous avez droit d'attendre les uns des autres, d'après la sainte union que vous contractez ? »

Après que les cinq articles de cette formule eurent été adoptés par une acclamation unanime, le signal se fit entendre et l'on y répondit par une salve d'artillerie ; puis tous les instruments militaires annoncèrent la prestation du serment, à laquelle il fut procédé ainsi qu'il suit :

M. le Président jura le premier ; puis il appelle MM. les officiers municipaux qui, après avoir répondu à chacun des articles : *Nous le jurons*, se rangèrent à sa droite et à sa gauche. Ils furent suivis de MM. les notables, commandans, capitaines et officiers, qui firent à chaque article la même réponse. Les frères d'armes et les citoyens jurèrent de même après eux, et enfin toutes les citoyennes partagèrent entièrement l'enthousiasme de leurs pères, de leurs frères, de leurs parens, de leurs amis, vinrent souscrire par les mêmes pompes au pacte auguste et solennel qui nous conserve pour toujours à la liberté, à la loi, à l'amour fraternel, et qui nous élève à la dignité de membres d'un peuple souverain.

Le *Te Deum* fut solennellement chanté au bruit de l'artillerie, au son des instruments de musique; après quoi, les frères d'armes ne formant qu'un seul corps, précédés des officiers municipaux, M. le Président à leur tête, conduisirent en pompe le guidon fédératif à l'hôtel de M. le commandant de la garde nationale d'Issy pour y être gardé jusqu'à la fédération prochaine.

Le présent procès-verbal fut arrêté dans une des salles de mondit sieur le commandant où il fut dit, entre autres choses, qu'une députation choisie dans les quatre communes présenteroit à l'Assemblée nationale copie dudit procès-verbal avec une adresse dont les points seroient convenus par lesdites communes fédérées.

Par délibération en date du 22 janvier 1792, il fut ordonné que tous les citoyens, sans distinction, même les veuves, ayant des propriétés, feraient monter leur garde, y compris les citoyens ayant soixante ans passés, et que les veuves ayant un fils en âge de porter les armes la feraient monter doublement. Exception était faite seulement en faveur des journaliers sans propriété, âgés de soixante ans.

Le 23 août suivant, l'assemblée générale décida d'enlever les armoiries sculptées au-dessus des fenêtres du chœur de l'église et la fleur de lis qui surmontait la chaire ; il fut résolu aussi que l'on ne garderait que la grosse cloche, et que les trois autres seraient fondues pour en faire deux pièces de canon.

Tels sont les seuls détails que nous ayons sur la période révolutionnaire à Vanves, les registres de délibérations ayant une lacune de 1793 à 1807.

Le château des princes de Condé, devenu bien national depuis 1790, n'avait pas trouvé d'acquéreur, lorsqu'en 1799, le Ministre de l'intérieur, François de Neufchâteau, autorisa M. Champagne, directeur du Prytanée français, — c'est le nom que portait alors le collège Louis-le-Grand, — à l'acheter pour en faire la maison des champs du Prytanée. A cette occasion, les élèves eux-mêmes y plantèrent un arbre de la liberté en grande solennité, le 16 ventôse, an VII (6 mars 1799). Une brochure contenant la relation de cette fête fut alors imprimée (voy. à la Bibliographie, p. 32). Il n'est pas sans intérêt de rappeler à ce sujet que déjà l'ancien collège Louis-le-Grand possédait à Vanves des biens, grâce à la réunion qui lui avait été faite, en 1767, du collège de Boissy, fondé en 1353 par Godefroy Chartier, seigneur de Boissy-le-Sec, chanoine de Chartres, secrétaire du roi Jean. Le testament de ce personnage mentionne des terres situées à Vanves, et le collège les avait transmises intactes à celui de Louis-le-Grand, puisqu'à la date du 8 mai 1789, Denis Bérardier, grand maître de cet établissement, reconnaît devoir au prince de Condé une dîme pour les terres que possède le collège dans sa censive de Vanves (Archives nationales, S. 6370).

Le bourg fut cruellement éprouvé par les invasions étrangères de 1814 et de 1815. Ce sont les Autrichiens qui y campèrent en 1814, et, après leur départ, le 1er mai, le Conseil municipal dut prendre une délibération tendant à faire supporter les frais de l'occupation par les habitants « au marc la livre sur toutes les contributions ».

En 1815, le budget de l'invasion fut plus lourd encore ; les frais de nourriture et de logement fournis sans réquisition étaient évalués à 45.000 ou 50.000 francs environ ; les réquisitions exigées par l'autorité municipale à 12.864 fr. 94.

Le 1er mai 1821, la municipalité fêta largement le baptême du duc de Bordeaux. Le registre des délibérations donne la relation de cette cérémonie :

.... Après la messe, une pièce de vin déposée devant la mairie, place du Val, a été distribuée en majeure partie aux pauvres de la commune et le reste bu sur ladite place, aux cris mille fois répétés de *Vive le Roi*, *Vive le duc de Bordeaux*, *Vivent les Bourbons !*

Une danse publique gratis était sur la même place ; toutes les maisons étaient ornées de drapeaux et illuminées à l'envi l'une de l'autre. On admirait surtout le portail de l'église, et le devant de la porte de la mairie par le beau coup d'œil qu'ils présentaient. On apercevait, au-dessus du portail de l'église, un transparent où étaient ces mots :

> Que ta droite, Seigneur, en merveilles féconde,
> Conserve à notre amour les soins de Dieudonné.
> Change (*sic*) ses ennemis jusqu'aux bornes du monde,
> Fais respecter l'enfant que tu nous as donné.

A la mairie, se voyait un autre transparent, où on lisait :

> Français, de vos Bourbons partagez le bonheur ;
> Partagez les transports de la France fidelle,
> Dieudonné des esprits vient bannir la fureur.
> Le beau jour que celui dont l'aurore est si belle !

A eu lieu un banquet donné par les autorités civiles et militaires à messieurs les officiers de la garde royale, auquel ont assisté le maire, le Conseil municipal, le Bureau de bienfaisance, M. le général comte Didon et messieurs les officiers de la garde royale.

Un enfant de dix ans a répété des stances sur l'heureuse naissance du rejeton du grand Henri, et des chansons ont été chantées en l'honneur du vaillant et populaire Béarnais....

Enfin, la fête s'est terminée par un bal qui s'est prolongé très avant dans la nuit, au sein de la plus grande tranquillité et d'une allégresse universelle.

Un article du budget de 1821 porte 5oo francs de dépenses pour ces diverses réjouissances.

Quelques années plus tard, nous relevons la mention d'un arrêté préfectoral du 4 février 1826, nommant M. Falret (Jean-Pierre), docteur en médecine, conseiller municipal de Vanves. Ce nom évoque immédiatement le souvenir de la célèbre et importante maison de santé fondée à Vanves par le docteur Falret.

Le 9 mai 1833, eut lieu l'inauguration solennelle d'un buste de Louis-Philippe dans la modeste salle que l'on venait de transformer en mairie. Un banquet, offert par le maire, réunit après la cérémonie, le sous-préfet, le colonel de la garde nationale, M. Desgranges, le Conseil municipal, etc.

Après avoir fêté les Bourbons en 1821 et la monarchie de Juillet en 1833, la municipalité de Vanves ne se montra pas moins accommodante pour le « prince président » auquel, le 9 mai 1852, elle prêta en grande majorité serment de fidélité. Cinq membres dissidents furent remplacés par arrêté préfectoral du 22 juillet suivant.

En 1853, le château des Condé, qui, depuis le Directoire, était resté la maison des champs du lycée Louis-le-Grand, fut transformé en véritable lycée pour les plus jeunes élèves qui, de là, passaient à la maison de Paris; cette situation ne dura guère que onze années. Un décret du 6 août 1864 fit de la succursale de Louis-le-Grand un lycée indépendant, auquel on donna le nom de lycée du Prince impérial. Dans ses intéressants *Souvenirs et impressions d'un bourgeois du quartier latin* (1899), M. Dabot s'exprime ainsi à ce sujet:

29 [juin 1865]. Inauguration d'un lycée à Vanves. On lui donne le nom de *lycée du Prince impérial*. C'est tout simplement et tout bonnement l'ancienne maison champêtre de Louis-le-Grand où je suis allé si souvent boire du lait le dimanche. Les vieux Louis-le-Grand ne sont pas contents du tout de ce quasi-larcin commis au préjudice de leur vieux collège.

Nous arrivons à l'époque trop justement qualifiée d'année terrible. Protégé par les forts de Vanves et d'Issy, le bourg n'eut guère à souffrir de l'invasion allemande que pendant le bombardement, et la municipalité n'émigra pas à Paris comme le firent la plupart des municipalités du département; le Conseil siégea « au lieu ordinaire de ses séances » le 29 septembre, les 19 et 26 octobre, le 16 novembre 1870, puis le 7 janvier et le 5 février 1871; les dégâts éprouvés par les édifices communaux ne furent évalués qu'à 7.460 francs (séance du 11 juin 1871); mais, pendant la guerre civile qui suivit, Vanves fut malheureusement le théâtre des rencontres les plus sanglantes, et la dévastation fut bien autrement grave; à la séance du 10 septembre 1871, la réparation des édifices publics fut évaluée à 88.253 fr. 11 pour l'église; — 2.400 francs pour les écoles et 6.200 francs pour la mairie.

Depuis lors, le fait historique le plus important qui se soit produit est la disjonction de Vanves et de Malakoff, en 1884; nous en traitons plus loin.

Un décret du 30 mai 1888 donna à l'ancien lycée du Prince impérial, devenu au 4 septembre 1870, lycée de Vanves, le nom de lycée Michelet.

Le 9 juin 1898, on y célébra le centenaire du grand historien par l'inauguration de sa statue, due au sculpteur Mercié.

Enfin, la même année, le 23 juillet, de grandes fêtes eurent lieu à Vanves, à l'occasion de l'inauguration de la nouvelle mairie (voy. page 37).

II. — MODIFICATIONS TERRITORIALES ET ADMINISTRATIVES

I.— Territoire. — Par des démembrements successifs, au nombre de trois, le territoire de la paroisse de Vanves, devenue commune en 1790, a subi une diminution totale qui équivaut aux deux tiers de sa superficie primitive.

Le premier amoindrissement est aussi le moins important. Il s'agit d'un petit canton de terre compris entre la route de Châtillon et la rue de Fontenay, dénommé le Petit-Vanves, qui en l'an VII, fut rattaché au territoire de la commune de Montrouge.

Voici les pièces relatives à cette opération administrative, qui ne dura pas moins de quatre ans :

Extrait du registre des délibérations du 7 floréal an IV (26 avril 1796) de la République française.

L'administration du département de la Seine, vu :

1° La délibération de l'administration municipale du canton de Châtillon en date du 4 germinal dernier, tendante à obtenir la réunion à la commune de Montrouge, canton de Châtillon, des maisons, clos, jardins et terres connues sous le nom du *Petit-Vanvres*, dépendant de la commune de Vanvres, canton d'Issy ;

» 2° Le procès-verbal dressé le 6 floréal présent mois, par les citoyens Paillard-Villeneuve, commissaire du département, Nattier, commissaire de l'administration municipale du canton de Châtillon, et Duval, commissaire de l'administration municipale du canton d'Issy, dont il résulte que les maisons dites *le Petit-Vanvres*, occupées par les citoyens Leblanc père, Confourier, Viette, Cerfber et Charles Leblanc, sont contiguës aux maisons de la commune de Montrouge et séparées du territoire de Vanvres par le le chemin pavé de Paris à Châtillon, et distant de cette commune d'environ une demi-lieue; que trente-neuf arpens, vingt-cinq perches de terres composant la section D de la commune de Vanvres sont également séparées du territoire de cette commune par la grande route de Paris à Châtillon et enclavées dans le territoire de Montrouge dont elles paraissent naturellement devoir faire partie; que les citoyens ci-dessus nommés, occupant les maisons situées sur le terrain dit *le Petit-Vanvres* ont constamment, depuis la Révolution, exercé leurs droits politiques à Montrouge; que même, le citoyen Confourier, l'un d'eux, a été maire de cette commune, sans aucune réclamation de la part de celle de Vanvres; que les actes de naissance, mariage et autres, servant à constater l'état civil des habitans du Petit-Vanvres ont toujours été reçus par l'officier public de la commune de Montrouge, également sans aucune réclamation, et qu'il n'y a aucun inconvénient à la réunion proposée, pourvu toutefois qu'elle n'ait lieu que pour les contributions de l'an IV, et que la commune de Vanvres soit déchargée de la somme qui peut porter sur les maisons et terrains dont il s'agit;

3° L'article 5 de l'acte constitutionnel portant que les cantons conserveront leur circonscription actuelle, que leurs limites pourront néanmoins être changées ou rectifiées par le Corps législatif;

Ouï le Commissaire du Directoire exécutif;

Arrête qu'elle est d'avis que les maisons et les terrains ci-dessus mentionnés, connus sous le nom de Petit-Vanvres et composant la section D de la commune de Vanvres soient distraits de ladite commune et réunis à la commune de Montrouge, et que le Ministre de l'Intérieur sera invité à solliciter à cet égard l'autorisation du Corps législatif.

Pour extrait conforme :

DUPIN, secrétaire [1].

1. *Archives nationales*, AF³ 104, dossier 465.

Le dossier renferme les autres pièces énumérées ci-dessus, et que la délibération que l'on vient de lire résume très suffisamment; deux plans informes, qui y sont annexés, montrent aussi avec clarté que les terrains à réunir à Montrouge forment une enclave limitée à l'Ouest par la grande route de Paris à Chevreuse (ancienne route 54, actuellement route 29) ; à l'Est, par une ruelle « large de sept pieds », dénommée « ruelle de Bagneux », au midi par la continuation de la « grande rue de Montrouge » vers Vanves.

Le 3 prairial suivant (22 mai 1796), le Directoire adressait au Conseil des Cinq-Cents un message favorable à la réunion :

Le Directoire exécutif au Conseil des Cinq-Cents.

CITOYENS LÉGISLATEURS,

Le hameau du Petit-Vanvres, dépendant de la commune de ce nom, canton d'Issy, est situé à une demi-lieue de Vanvres, tandis qu'il n'est séparé de la commune de Montrouge que par une rue étroite; aussi, ceux qui habitent ce hameau exercent-ils leurs droits politiques à Montrouge et s'adressent à l'officier de l'état civil de ce lieu pour les actes qui le concernent, sans aucune réclamation de la part des deux municipalités.

Les formes les plus convenables pour constater l'utilité de cette réunion ayant été remplies, ainsi qu'il résulte des pièces ci-jointes, et notamment de l'arrêté du département de la Seine, du 7 de ce mois, le Directoire exécutif, en conformité de l'article 5 de l'acte constitutionnel portant que les cantons conserveront leur circonscription actuelle, mais que leurs limites pourront néanmoins être changées ou rectifiées par le Corps législatif, invite le Conseil à faire de la réunion proposée l'objet d'une prochaine détermination.

Signé : CARNOT, président.

Par le Directoire exécutif:
Le Secrétaire général,
Signé : LAGARDE [1].

Près de trois années s'écoulèrent, on ne sait pourquoi, sans que la question ait avancé. Un autre dossier des Archives nationales nous fournit le texte suivant:

Copie de la lettre écrite par le commissaire du Directoire exécutif près l'administration municipale du canton de Châtillon, au citoyen commissaire du Directoire exécutif près le département de la Seine.

Du 25 frimaire an VII.

J'ai pris connoissance de la lettre que l'administration centrale a adressée

1. *Archives nationales*, AF³ 104, dossier 465.

à l'administration près laquelle je suis, relativement à la réunion à la commune de Montrouge du hameau dit le Petit-Vanves, où elle marque que cette réunion ne peut s'opérer que par un décret du Corps législatif. Les habitans de ce hameau ont présenté une pétition au Conseil des Cinq Cents, il y a environ six mois, à l'effet d'obtenir cette réunion; le Conseil a reçu la pétition et a nommé une commission composée de trois de ses membres pour en faire un rapport; on m'a nommé les citoyens Cherrière et Parisot, mais on n'a pu me nommer le troisième; on m'a même assuré qu'un des trois membres s'étoit transporté sur le lieu pour voir la disposition du territoire relativement à Vanves et à Montrouge. D'après ces renseignements, je vous inviterois à vouloir bien faire ce qui est en vous pour faire décider la question.

Ce hameau n'est séparé de Montrouge que par une ruelle et borde le pavé de Châtillon de ce même côté, tandis qu'il est très éloigné de Vanves; l'état-civil se fait à Montrouge, les habitans exercent leurs droits politiques à Châtillon, y prennent leurs cartes ou passeports, y font le service de la garde nationale; le ci-devant maire de Montrouge y demeuroit; enfin, il n'y a que la contribution foncière qu'ils payent sur Vanves, canton d'Issy-l'Union, du reste, ils sont assimilés à Montrouge et par conséquent du canton de Châtillon.

Salut et fraternité,
Signé : Courtois [1].

Le 29 pluviôse an VII (18 février 1799), le Ministre de l'intérieur proposait en ces termes au Directoire exécutif, par la voie d'un message, la réunion à Montrouge du hameau du Petit-Vanves :

Les propriétaires habitant le hameau dit le Petit-Vanvres, commune de ce nom, canton d'Issy, département de la Seine, demandent que ce hameau soit distrait de la commune de Vanvres et réuni à celle de Montrouge, canton de Châtillon. Ils exposent qu'il n'est séparé de Montrouge que par un chemin de trois mètres, tandis qu'il est éloigné de Vanvres d'un kilomètre sept hectomètres; que, dès l'origine de la Révolution, ils exercent leurs droits de citoyens à Montrouge, qu'ils y ont rempli diverses fonctions publiques, que l'état-civil de leurs enfans y a été établi et qu'ils y payent leurs contributions.

L'administration centrale a fait examiner les localités par deux membres des administrations municipales des cantons d'Issy et de Châtillon, par les commissaires du Directoire près ces administrations, les agens des deux communes et l'inspecteur des contributions : tous, à l'exception de l'agent de Vanvres, ont reconnu la justice de la demande, et après avoir pris l'avis de l'administration municipale du canton de Châtillon et avoir reconnu l'avantage de cette réunion, l'administration centrale a exprimé son vœu pour cette distraction par arrêté du 12 frimaire dernier. Le fait que le hameau de Vanvres touche Montrouge et qu'il est très éloigné de la commune de ce nom, étant authentiquement constaté, toutes les autorités locales sollicitant également-

1. *Archives nationales*, F² II, Seine 1.

ment la réunion dont il s'agit, je propose au Directoire d'en faire l'objet du message ci-joint en lui observant que, le 3 prairial an IV, il en a déjà fait un sur cette demande..... [1].

A la séance du Conseil des Cinq-Cents, du 1er floréal an VII (20 avril 1799), Rolland (de la Moselle) lut un rapport concluant « à la réunion du hameau dit le Petit-Vanvres à la commune de Montrouge, département de la Seine ».

Le 24 prairial suivant (12 juin 1799), le Conseil prit une « résolution » dans le même sens, et le 9 messidor suivant (27 juin 1799), le Conseil des Anciens approuva cette résolution, approbation ayant force de loi.

La construction des fortifications de Paris et du fort de Vanves en 1840, l'annexion à la capitale, en 1860, de territoires suburbains renfermés dans l'enceinte des fortifications, valurent à la commune une nouvelle et sensible diminution de sa superficie. Le 7 mars 1859, son Conseil municipal, assisté des plus imposés, déclarait à l'unanimité que « les nouvelles limites de Paris ne peuvent être qu'avantageuses, qu'il considère cette mesure comme devant être fructueuse à l'avenir de la commune et donne son approbation pour la nouvelle limitation proposée ». Cependant, Vanves abandonnait à Paris une partie du XIV° arrondissement actuel, l'espace compris entre les fortifications au Sud, la rue de Vanves à l'Ouest, la rue des Plantes à l'Est, et l'avenue du Maine au Nord. On ne tarda pas à s'apercevoir de cet amoindrissement par les recettes de l'octroi, et, à la séance du 14 mai 1862, le maire constatait, non sans amertume, que l'extension de Paris avait été si onéreuse pour la commune qu'il y avait un déficit de 12.000 francs dans les prévisions normales des recettes de 1861.

Mentionnons pour mémoire que, le 14 mai 1880, le Conseil ne put s'entendre avec celui d'Issy pour l'échange de territoires limitrophes des deux communes. La délibération rappelle incidemment que « c'est grâce aux efforts et à la très grande persistance d'un maire de Vanves, M. Micard, que le gouvernement de l'Empire a laissé ouvrir [en 1865], à travers le parc du lycée du Prince impérial, le magnifique boulevard qui porte aujourd'hui le nom de boulevard du Lycée, et qui a doté Vanves d'un accès vers Paris digne d'une grande localité comme elle et dont cette commune avait été privée jusqu'alors ».

1. *Archives nationales*, F^2 I, 552.

La dernière et la plus importante diminution subie par le territoire de Vanves date du décret du 8 novembre 1883 qui érigea
Malakoff en commune distincte. Limités par la ligne du chemin de
fer de Versailles, les deux bourgs eurent dès lors une surface à peu
près égale. Nous avons exposé avec détails dans la Notice sur
Malakoff les développements successifs de cette dernière commune
et les différentes phases par où passa la question de disjonction ;
nous y renvoyons le lecteur. Bornons-nous à rappeler que la sépa-
ration effective eut lieu le 1er février 1884.

II. — Circonscription cantonale. — Au commencement de
l'année 1835, l'Administration centrale ouvrit une enquête dans les
communes de l'arrondissement de Sceaux pour avoir leur avis sur le
siège de la sous-préfecture ; plusieurs réclamaient ce privilège pour
Choisy-le-Roi ; quelques-unes auraient préféré Bercy ou Villejuif;
d'autres proposèrent Montrouge comme étant le point central dans
l'arrondissement ; Vanves fut de ce nombre, mais on sait que Sceaux
continua à rester chef-lieu de l'arrondissement jusqu'à la suppression, en 1880, des sous-préfectures du département.

Sceaux était, en même temps, depuis l'an IV, le chef-lieu
du canton auquel appartenait Vanves, avec douze autres communes. Vanves s'accommoda longtemps de cette subordination,
mais, le 12 août 1878, son Conseil municipal délibéra de réclamer
l'érection de la commune en chef-lieu d'un canton dont ressorti-
raient Issy, Clamart et Montrouge. Ce vœu fut renouvelé avec
persévérance les 11 novembre 1878, 21 juin et 31 décembre 1884,
13 novembre 1885, 27 avril 1886, 10 novembre 1887, 5 février 1888
et appuyé plusieurs fois par le Conseil général et le Conseil
d'arrondissement. Il est permis de penser qu'il eut quelque
influence sur la décision prise par l'Administration supérieure, en
1888, de mettre à l'étude un remaniement des cantons de la Seine.

Vanves alors renouvela d'énergie, d'autant plus que Malakoff, en
dépit de sa récente autonomie communale, réclamait pour elle le
bénéfice du chef-lieu de canton, et, dans des brochures répandues
en grand nombre dans les communes intéressées, faisait valoir
les avantages qui militaient en sa faveur. A Vanves, on risposta
par plusieurs placards, autographiés ou imprimés. Voici le texte
de l'un d'eux :

VANVES, CHEF-LIEU DE CANTON

D'après le projet de remaniement des cantons du Département de la Seine, un nouveau canton doit être formé avec les territoires des communes de *Vanves, Issy, Clamart, Montrouge, Malakoff* et *Châtillon.*

Vanves, par sa situation au centre de ces six communes, est tout désigné pour être chef-lieu de ce nouveau canton.

Issy, Clamart, Châtillon et Montrouge, étant aux extrémités, ne peuvent prétendre à être ce chef-lieu.

A première vue, Malakoff paraît presque autant au centre que Vanves, dont il dépendait avant 1884, mais l'examen de la carte ci-jointe fait bien vite voir le contraire. Le véritable centre d'une commune, pour celles voisines, est celui de ses divers services. Or, les quelques services actuels de Malakoff sont dans le bout de son territoire, près des fortifications de Paris.

Les moyens de communication avec Vanves sont des plus faciles pour Clamart et Issy par les tramways-Sud, et il n'en existe pas pour ces deux communes avec Malakoff.

Une belle route relie Châtillon à Vanves.

La seule commune de Montrouge a, avec Malakoff, des moyens de communication plus faciles qu'avec Vanves, car leurs territoires se touchent; néanmoins Montrouge est très rapproché de Vanves.

Vanves possède déjà tous les services d'un chef-lieu de canton, ce que n'a pas Malakoff, où tout est à créer, même la mairie.

Ainsi Vanves possède :

Le Bureau de perception des contributions des cinq communes de Vanves, Issy, Clamart, Châtillon et Malakoff.

Un commissaire de police.

Une brigade de gendarmerie.

Une succursale de la Caisse d'épargne de Paris.

Une étude d'huissier.

Un bureau de postes et télégraphes.

Il a, en outre, sur son territoire :

Le lycée Michelet, le plus grand établissement universitaire de France.

La gare du chemin de fer de l'Ouest, qui se trouve à cinq minutes de son centre, tandis qu'elle est à vingt minutes du centre de Malakoff.

Il ne lui manque plus pour l'organisation du chef-lieu qu'une Justice de paix, et il en serait fait une à peu de frais.

Tout est prêt à Vanves.

Tout serait à faire à Malakoff.

Dans le cas peu probable, pour ne pas dire impossible, où Malakoff serait choisi comme chef-lieu, il faudrait donc que les services déjà existants à Vanves depuis longtemps se transportassent à Malakoff. Cela ne serait pas à faire; Vanves a des droits acquis qu'on ne peut lui enlever.

Vanves doit être le chef-lieu, et par sa situation centrale et parce que les services d'un chef-lieu y sont déjà organisés.

Du reste, le Conseil général, les 10 avril 1886, 21 octobre 1886 et 21 décembre 1887, et le Conseil d'arrondissement, au mois de mai 1885, ont émis des avis favorables pour Vanves, chef-lieu de canton.

Ces avis n'ont été donnés par ces deux assemblées qu'après un examen très sérieux de la situation ; elles ne se déjugeront certainement pas, car les raisons qui militaient en faveur de Vanves sont toujours les mêmes.

Une nouvelle consultation des communes par l'Administration préfectorale eut lieu en 1891. Chacune y maintint ses revendications. Finalement, la loi du 12 avril 1893 donna satisfaction à Vanves en en faisant un chef-lieu de canton avec les communes de Châtillon, Issy et Malakoff. Depuis, une loi du 20 février 1897 lui a rattaché, en outre, la commune de Clamart, distraite du canton de Sceaux.

III. — ANNALES ADMINISTRATIVES. — LISTE DES MAIRES

Bureau de poste. — A la date du 1er juin 1822, le Conseil estimait que la commune n'avait pas besoin de bureau de poste « en raison de sa proximité de Paris ».

Octroi. — Sur le conseil donné par le sous-préfet d'établir un octroi à Vanves, la municipalité en rejeta le projet par dix voix sur treize votants, le 19 mai 1850 ; mais elle revint sur sa décision, le 24 octobre 1851, et l'octroi fut créé à partir de l'année 1852 (1er janvier).

Chemin de fer. — C'est le 10 septembre 1840 que fut inaugurée la voie ferrée, — la seconde dont les Parisiens aient joui, — entre Paris (rive gauche) et Versailles. La ligne partait alors, — *extra muros* — de la barrière du Maine, et ce n'est que de 1852 que date la gare Montparnasse ; mais la première station était Clamart, et, pendant quarante-trois ans, les trains traversèrent le territoire de Vanves sans y avoir d'arrêt. A maintes reprises, la municipalité réclama ; nous rappellerons notamment les délibérations du 20 août 1848, du 10 février 1850, du 25 février et 14 août 1855, puis, du 6 octobre 1881. Cette dernière produisit enfin son effet : le 12 novembre suivant, le maire informait le Conseil qu'il avait reçu, la veille, une lettre de la Compagnie des chemins de fer de l'Ouest, l'informant que le projet avait été adopté par elle de l'établissement d'une station entre la rue d'Arcueil et la route de Montrouge. Le 14 août 1883, le Conseil votait un crédit de 1.000 francs pour l'inauguration de la gare de Vanves-Malakoff ; cette inauguration eut lieu le 1er octobre suivant.

Culte. — A la séance du 14 février 1858, le Conseil étant informé que l'abbé Barascud, aumônier de la succursale du lycée Louis-le-Grand et remplissant les fonctions de vicaire, allait être attaché spécialement au petit lycée, réclama la création d'un vicariat pour lequel il s'engageait à voter 3oo francs par an. Satisfaction lui fut donnée.

Justice de paix. — Depuis le mois de novembre 1879, le juge de paix de Sceaux donnait audience à la mairie d'Issy le premier et le troisième mercredi de chaque mois pour les affaires de conciliation et de conseils de famille des deux communes, Issy et Vanves. Le 3o mars 1882, la commune de Vanves demandait la création en sa faveur d'une succursale de la justice de paix ; mais cet avantage lui fut refusé (séance du 13 novembre). Enfin, un décret du 3o novembre 1897 lui accorda une audience par semaine à dater du deuxième mardi de janvier 1898.

MAIRES DE VANVES

POTIN (François), maire. 1790-1791.
DUVAL (Thomas). Octobre-novembre 1791.
BOISSET (Antoine). 1791-an III.
DUVAL (Thomas). Agent municipal. An IV-an V.
BOISSET (Antoine). Agent municipal. An V-an VI.
POTIN (François). Agent municipal. An VI-an VIII.
COIGNET (Pierre). Agent municipal. An VIII.
DUVAL (Thomas). Maire. An VIII-1815.
JOUANNIN (Jacques). 1816-1830.
HURET. 1830-1832.
VOISIN. 1832-1840.
DUVAL (Denis). 1840-1850.
BORDIER. 1852-1853. Mort en fonctions.
DÉPINOY (Charles-Désiré-Joseph). 1853-1864. Démissionnaire.
MICARD Claude-Émile). 1864-1867.
DUPONT (Jean-Baptiste-Édouard). 1867-1870.
LEPLANQUAIS. 1870-1873.
JULLIEN. 1873-1875.
DUPONT (Jean-Baptiste-Édouard). 1875-1879. Démissionnaire le 27 octobre.

FÉBURIER (Amédée-Eugène). 1880-1881.
DUPONT (Jean-Baptiste-Édouard). 1881 (janvier-mai).
FÉBURIER (Amédée-Eugène). 1881-1884.
PRUVOT (Louis-Philippe). 1884-1889.
LÉGER. 1889-1896.
BAUDOUIN. 1896-1900.
DUPONT (Jean-Marie-Joseph). Élu le 19 mai 1900.

IV. — MONUMENTS ET ÉDIFICES PUBLICS

Mairie. — L'une des nouveautés qu'apporta le régime de la Révolution dans les communes de faible importance alors, fut de les forcer à choisir un local assez vaste pour contenir les habitants, réunis en assemblées générales, soit pour les élections, soit pour les décisions auxquels prenaient part tous les citoyens actifs.

Un seul s'offrait à elles, l'église, et c'est aussi celui qui partout fut choisi sans que l'on estimât qu'il y eut profanation à y traiter d'affaires étrangères au culte. Mais, pour les réunions à peu près quotidiennes des officiers municipaux, il fallait un autre local plus restreint, une « maison commune » — le mot mairie n'étant pas encore usité. Voici ce qui se passa à Vanves : le 5 mars 1791, le registre des délibérations marque que le Conseil s'est assemblé « dans une salle dépendant de la maison de M. le maire » (François Potin). Le 10 novembre de la même année, il est dit que les officiers municipaux sont réunis « dans l'école des garçons, lieu ordinaire des assemblées » (le maire était alors Thomas Duval).

Le 11 novembre suivant, le maire propose que les réunions aient lieu le mercredi à dix heures du matin. Il met à la disposition du Conseil une salle « sans aucune rétribution, mais sans exiger de lui que l'on puisse se promener dans son jardin sans son consentement ». Il y aura une provision de bois pour le chauffage, mais il est défendu « d'introduire pain, vin ou comestible quelconque ».

Ce sont là de plaisantes réglementations, et qui n'ont guère le caractère administratif.

L'absence de registres nous laisse dans l'ignorance de ce qui eut lieu jusqu'en 1809, date où on voit que la maison commune était en location au prix de 60 francs. Au budget de 1819, on lit :

« Payé à M. le maire pour location de la maison commune, suivant quatre mandats quittancés, 1oo francs. »

Le 8 mai 1832, une proposition de transférer la mairie dans le logement de l'institutrice fut rejeté au scrutin par sept boules noires contre six blanches. Le 4 novembre suivant, une Commission fut nommée pour examiner les travaux à faire dans la salle occupée par la maîtresse d'école, « et qui, d'après l'avis unanime du Conseil, sera dorénavant la maison commune de Vanves ». Les travaux d'aménagement étaient achevés au mois de janvier suivant, et c'est dans cette salle que fut installé solennellement le buste du roi (voy. page 19).

Par délibération du 6 août 1839, un crédit de 3o francs fut voté pour l'acquisition d'un drapeau en tôle destiné à orner la maison commune.

Une reconstruction partielle de l'église, prévue en 1851 (délibération du 14 septembre), allait entraîner la démolition de ce modeste bâtiment.

Au mois d'août 1853, le Conseil se préoccupa de doter Vanves d'une mairie digne de la commune. Après avoir songé à la maison de Mme Chevalier, sise rue Saint-Martin, n° 12, il y renonça en raison des frais exorbitants auxquels donnerait lieu cette acquisition.

Le 19 novembre 1855, des négociations aboutirent avec M. Lelièvre-Delaunay pour l'acquisition de sa propriété, sise route départementale n° 74 (actuellement chemin de grande communication n° 5o), au prix de 6 francs le mètre, ce qui donnait au terrain une valeur de 22.077 francs. Avec la construction, la dépense totale était évaluée à 72.514 fr. 20. L'édifice fut inauguré en 1857, date qu'il porte encore à son fronton.

Le 11 août 1884, le Conseil ratifia l'acquisition faite par le maire, le 6 août précédent, de la propriété Ribout, sise rue Normande, n° 25, attenante au groupe des écoles et de la mairie, au prix principal de 45.000 francs, plus 6.000 francs de frais. Cette acquisition, dit la délibération, aura pour résultat de faciliter l'extension des services de la mairie.

Enfin, la création du chef-lieu de canton à Vanves, en 1893, motiva la construction de la mairie actuelle, sise vis-à-vis de l'ancienne, sur un terrain en bordure de la rue Raspail, acheté 1oo.ooo francs, et qui fut brillamment inaugurée le 23 juillet 1898. Les bureaux y avaient été installés dès le 23 juin. Les deux incriptions documentaires suivantes se lisent en haut de l'escalier qui conduit à la grande salle des fêtes :

CETTE MAIRIE A ÉTÉ CONSTRUITE EN 1897-98
M. BAUDOUIN ÉTANT MAIRE
MM. DELAHOCHE ET JASSEDÉ, ADJOINTS

. . . .

M. RICHARD, SECRÉTAIRE DE LA MAIRIE
MM. MOREL ET LECAMP, ARCHITECTES

M. FÉLIX FAURE
ÉTANT PRÉSIDENT DE LA RÉPUBLIQUE
CETTE MAIRIE A ÉTÉ INAUGURÉE
LES 23-24 JUILLET 1898
PAR
M. LÉON BOURGEOIS, MINISTRE DE L'INSTRUCTION PUBLIQUE
ASSISTÉ DE
MM. GERVAIS, DÉPUTÉ DE LA CIRCONSCRIPTION
DE SELVES, PRÉFET DE LA SEINE
LE ROUX, DIRECTEUR DES AFFAIRES
DÉPARTEMENTALES

Église. — A l'église primitive, datant au moins du XIIe siècle, avait succédé un édifice construit en partie au XIIIe siècle, en partie au siècle suivant, et qui fut consacré à saint Remi, le 15 juin 1448, par Guillaume Chartier, évêque de Paris, ainsi qu'en fait foi une inscription française en caractères gothiques, conservée dans le monument, et reproduite par Guilhermy dans son recueil des *Inscriptions de l'ancien diocèse de Paris,* t. III, p. 580.

Bien des fois depuis, l'injure du temps et des guerres nécessita des réparations importantes à cet édifice; les textes nous manquent pour la période antérieure à la Révolution; mais, le 21 ventôse an XII (11 mars 1804), nous voyons le sous-préfet de Sceaux approuver une délibération prise par le Conseil municipal le 29 pluviôse précédent (19 février 1804), demandant d'imposer extraordinairement les habitants de 6.250 fr. 50 à répartir pendant les ans XIII et XIV pour les réparations à faire tant à l'église qu'à la grande fontaine et à la rue des Chariots (Registre des arrêtés du sous-préfet de Sceaux, aux Archives de la Seine); en 1818, fut voté, pour de nouvelles réparations à l'église, un crédit de 8.659 fr. 42 ; le 14 septembre 1851, vote d'un nouveau crédit, atteignant, cette fois, 50.000 francs pour une réfection presque totale de l'église ; enfin, après la guerre civile de 1871, vote d'un crédit plus considérable encore, le monument ayant été presque totalement détruit. C'est à cette dernière restauration que M. Eugène Monnier, architecte, a attaché son nom par la construction du clocher surmonté d'une flèche sans poinçon.

Cimetière. — L'ancien cimetière, situé près de l'église fut désaffecté vers 1811 ; resté sans emploi, il devint en 1820 (délibération du 4 décembre) le jardin du presbytère.

Quant au cimetière actuel, son maintien avait fait l'objet d'un vœu pris par le Conseil à la séance du 9 décembre 1867, et, au contraire, sa translation au Clos-Montholon avait été proposée par délibérations explicites des 20 mars et 28 juillet 1871, 15 février 1872, sans que, finalement, le déplacement ait été effectué.

BIBLIOGRAPHIE

L'abbé LEBEUF, *Histoire du diocèse de Paris*, pages 578-585 de de l'édition de 1883.

Plantation de l'arbre de la liberté par les élèves du Prytanée français, à la Maison de Vanves, le 16 ventôse an VII de la République française, une et indivisible ; Paris, impr. Bertrand-Quinquet, in-8, 39 pp.

MONNIER (Eugène), *l'Ancienne Église de Vanves et sa nouvelle flèche sans poinçon* ; Paris, Alphonse Lemerre, 1887, in-12, 33 pp. (avec plusieurs photographies).

Le Livre d'or des sciences et de l'industrie française, Inauguration de l'hôtel de ville de Vanves, 24 juillet 1898 ; Paris, rue du Delta, 12, 5ᵉ année, grand in-8.

Ville de Vanves. Bibliothèque municipale. Catalogue ; Paris, impr. Watelet et Vigot, 1899, in-8 ; 48 pp.

FERNAND BOURNON.

RENSEIGNEMENTS
ADMINISTRATIFS

I. — TOPOGRAPHIE, DÉMOGRAPHIE ET FINANCES

---

§ I. — TERRITOIRE ET DOMAINE

A. — TERRITOIRE

Nom. — Vanves.

Dénomination des habitants. — Vanvéens. Dans le langage populaire local, on dit aussi : Vanvriots.

Armoiries. — La commune n'a pas d'armoiries.

Limites du territoire. — La commune est bornée :
Au Nord, par Issy-les-Moulineaux et Paris (15e arrondissement);
A l'Est, par Malakoff et Châtillon ;
Au Sud, par Clamart ;
A l'Ouest, par Issy-les-Moulineaux.

Quartiers, hameaux, écarts. — Il n'existe pas à proprement parler de quartiers distincts. Cependant, il est d'usage courant dans la localité de parler du Bas-Vanves et du quartier du Plateau ; le premier est constitué par l'agglomération ancienne installée du côté d'Issy-les-Moulineaux et près de l'église ; le second s'étend depuis la mairie jusqu'au chemin de fer et jusqu'à la limite de la zone des servitudes militaires.

Lieux dits. — Les Hautes Bruyères, le Fond de la Vallée, les Malzards, la Vallée, les Glaises, le Nord des Clozeaux, les Vinaigriers, le Paradis, les Matrais, Pointe des Groux, les Carrières, les Pendans, le Clos des Aliénés.

Superficie de la commune. — La superficie actuelle du territoire est de 243 hectares, dont :

Propriétés bâties.	103 hectares
Propriétés non bâties.	140 —
Total égal.	243 hectares

Arrondissement. — Sceaux.

Canton. — Vanves.

Circonscription électorale législative. — 4ᵉ circonscription de l'arrondissement de Sceaux.

Sectionnement électoral. — Pas de sectionnement.

Bureau de vote. — Un seul, à la mairie.

Circonscription judiciaire. — Justice de paix de Sceaux.

Circonscription de commissariat de police. — La commune est le siège du commissariat dont dépendent Clamart, Issy-les-Moulineaux et Malakoff.

Orographie. — Point le plus bas : 37 mètres, à l'Ouest, boulevard du Lycée, à la limite d'Issy-les-Moulineaux.
Point le plus élevé : 75 mètres, à l'extrémité Sud, à la limite de Clamart.
La hauteur moyenne varie entre 55 et 65 mètres.

Hydrographie. — On peut mentionner un certain nombre de fontaines alimentées par des aqueducs dont il sera parlé page 75. Dubreuil, dans son *Histoire des Environs de Paris*, parle des fontaines de Vanves, qu'il dit être très abondantes et très belles.

B. — DOMAINE

Mairie. — La mairie est située rue Raspail, nᵒˢ 19 à 23, et rue de la Mairie, nᵒ 29.
Construite en 1895, elle occupe une superficie de 4.000 mètres carrés, y compris un square qui borde la rue de la Mairie et qui

est ouvert tous les jours au public. Le terrain a coûté 100.000 francs et la construction 320.000 francs. Elle a été inaugurée, ainsi que le porte une plaque commémorative reproduite page 31, le 23 juillet 1898, par M. Léon Bourgeois, Ministre de l'instruction publique, assisté des Préfets de la Seine et de Police MM. de Selves et Ch. Blanc, M. Baudoin étant maire.

La construction, exécutée d'après les projets et les plans de MM. Morel et Lecamp, offre un aspect qui ne manque pas d'élégance et présente un caractère imposant. La façade principale, sur la rue Raspail, a été traitée avec un art à la fois souple et magistral, qui emprunte aux différents styles leurs qualités décoratives.

Un perron, d'une dizaine de marches, conduit au vestibule qui traverse en largeur toute l'étendue du monument et qui aboutit lui-même à une autre entrée, donnant sur le square qui s'étend derrière l'édifice, du côté de la rue de la Mairie. Un perron monumental, orné d'une balustrade du meilleur effet, donne accès de ce côté, c'est-à-dire à la fois sur le square et sur la rue.

En entrant par la rue Raspail, on trouve, à gauche du vestibule, les bureaux de l'état civil, le cabinet du secrétaire, ceux du maire et des adjoints, décorés avec un luxe parfaitement approprié.

A droite, sont installés la loge du concierge, les bureaux de la recette municipale et ceux de l'octroi.

On accède au premier étage en gravissant un escalier en pierre, avec armature en fer et rampe ouvragée. Là, on trouve une grande salle servant à la fois de salle des mariages et de salle des délibérations du Conseil municipal, une salle des Commissions et deux salons de réception. Tous ces locaux, meublés avec luxe et habilement agencés, sont susceptibles, en cas de fête, d'être réunis et mis en communication directe par une transformation des plus simples.

La grande salle est ornée d'un magnifique plafond, dont la peinture a été exécutée par M. Gerber, secondé par M. Vouriot pour les travaux d'ornementation.

Au deuxième étage, est installé du côté de la façade, sur la rue Raspail, le local réservé aux archives. Du côté opposé, se trouve l'appartement du secrétaire de la mairie, dont les fenêtres donnent sur le square qui s'étend derrière le monument. Ce jardin, orné de plantes et de rochers qui lui donnent un aspect rustique des plus pittoresques, est limité sur la rue de la Mairie par une balustrade en pierre. On s'occupe à l'heure actuelle d'opérer le déplacement du marché couvert situé dans l'intérieur du square et d'une superficie de 800 mètres.

Écoles. — Les écoles forment un groupe unique, comprenant l'école des garçons, celle des filles et une école maternelle. Elles occupent une superficie de 5.000 mètres. L'école des garçons et celle des filles, qui ont été construites en 1857, en même temps que l'ancienne mairie, sont situées, la première, rue de la Mairie, n° 32, les secondes, quoique contiguës à la première, ont leur entrée rue Normande, n° 25. Enfin, l'école maternelle, dont la construction date de 1891, donne sur la rue de la Mairie, au n° 36. Elles ont coûté au total et en chiffres ronds 400.000 francs.

Un terrain, situé place Gambetta, d'une superficie de 3.167 m. 10, a été acquis en vertu d'une délibération du Conseil municipal en date du 28 juin 1898, approuvée le 14 décembre suivant, moyennant un prix de 54.000 francs en chiffres ronds. Il était destiné à l'ouverture d'une place publique et à la construction d'une école maternelle. Au commencement de 1900, les travaux prévus pour 34.000 francs furent commencés. Depuis, le Conseil municipal, par délibérations des 22 décembre 1900 et 30 mars 1901, a décidé qu'au lieu de 3 classes, le groupe en comprendrait 6 ; on s'occupe de remanier les projets dans ce sens.

Église. — L'église de Vanves, dédiée à saint Remi, est située place de la République ; elle occupe une superficie de 2.000 mètres. La nef a été à peu près complètement rebâtie il y a vingt-cinq ans.

Tout entière de style ogival, elle est construite sur un plan rectangulaire. Elle comprend une grande nef terminée par un hémicycle et encadrée de bas côtés. La grande nef comprend, dans le sens de la longueur, six travées dont les arcades ogivales donnent accès dans les bas côtés. Ces travées sont séparées les unes des autres par des piliers polygonaux, servant de support aux nervures qui décorent la voûte ogivale.

L'hémicycle est percé de cinq ouvertures ornées de verrières, qui éclairent le maître-autel. Les bas côtés, recouverts comme la nef d'une voûte ogivale, sont ajourés, dans l'axe des travées, de fenêtres ogivales divisées par des meneaux en pierre. Leurs extrémités sont occupées, à droite du chœur, par la chapelle de la Vierge, et, à gauche, par celle du Sacré-Cœur. Dans la quatrième travée du collatéral droit, s'ouvre une porte de même style dont le tympan est décoré de roses aveugles et qui donne accès dans la chapelle des Fonts, placée au-dessous de la tour du beffroi.

Les murs de la nef sont décorés de dix grandes compositions de M. Putois; celles de gauche rappellent divers épisodes de la vie du patron de l'église; celles de droite sont consacrées à la glorification de sainte Geneviève.

Le buffet d'orgues, qui se trouve au-dessus de la porte d'entrée, la chaire à prêcher, les deux autels situés dans les bas côtés ne présentent rien de remarquable.

La façade principale du monument comporte deux parties importantes : la façade de la grande nef, limitée par un mur pignon que surmonte une croix latine en pierre, est percée, au rez-de-chaussée, d'une porte ogivale dont le gâble fleuronné est surmonté d'une fenêtre, également ogivale, divisée en trois parties par des meneaux. La seconde partie de la façade principale comprend les extrémités des deux collatéraux, dont les rampants viennent s'appuyer sur les murs de la nef, et qui sont ajourés chacun par une fenêtre à meneaux ; ces différentes parties de la façade sont séparées par des contreforts surmontés de pinacles.

Quant aux façades latérales, elles présentent six travées, séparées par des contreforts surmontés de pinacles et éclairées par les fenêtres décrites quand on a parlé de l'intérieur de l'édifice.

La tour, qui remplace le clocher détruit en grande partie pendant la guerre de 1870-1871, a été élevée en 1874 par l'architecte Eugène Monnier. Placée dans la quatrième travée du bas côté de droite contre laquelle elle vient s'adosser, elle présente trois parties bien distinctes : la tour, le beffroi et la flèche.

La tour est ajourée, à rez-de-chaussée, sur deux de ses faces, par des fenêtres ogivales et, sur la troisième, par une porte monumentale et de forme ogivale. Ses quatre faces sont épaulées chacune par deux contreforts qui se prolongent jusqu'à la corniche supérieure.

L'étage du beffroi est indiqué par des fenêtres géminées garnies d'abat-sons, qui se répètent sur les quatre côtés. Au-dessus de cet étage et en attique, se trouve placé un cadran d'horloge. Une corniche, décorée de feuilles d'acanthe, couronne cette partie de la tour ; au-dessus, une balustrade en pierre découpée s'appuie contre les pinacles qui surmontent les contreforts.

La flèche se divise, dans le sens de la hauteur, en deux parties ; le premier étage est quadrangulaire et éclairé par quatre lucarnes ; le second, qui s'élève sur un plan octogonal, est ajouré sur chacun de ses pans par une fenêtre surmontée de pignon. La flèche se termine par une croix latine.

Temple, synagogue. — Il n'y a pas, dans la commune, de locaux consacrés au culte protestant ou au culte israélite.

Presbytère. — L'immeuble qui sert de logement au desservant est situé près de l'église, au n° 5 de la place de la République. Acquis en 1878, il occupe une superficie de 1.500 mètres carrés, a coûté 20.000 francs et appartient à la commune.

Cimetière. — Le cimetière, situé au coin des rues Sadi-Carnot et de Solférino, a été ouvert en 1836 et agrandi en 1876. Il occupe une superficie de 10.600 mètres. Le terrain a coûté 63.000 francs et les travaux 120.000 francs.

Les terrains affectés aux sépultures y sont divisés en quatre catégories :

1° Ceux destinés aux inhumations en terrain gratuit et dont l'emplacement peut être réoccupé après un délai de cinq ans ;

2° Ceux qui sont concédés pour dix ans ;

3° Ceux concédés pour trente ans et ceux concédés à perpétuité. (Voir le tarif aux Annexes.)

Le cimetière est ouvert au public de 6 heures du matin à 7 heures du soir du 1er avril au 30 septembre ; de 7 heures à 5 heures en février, mars, octobre et novembre, et de 8 heures à 4 heures en janvier et décembre.

Il contient un caveau provisoire, qui appartient à la commune. (Voir le tarif aux Annexes.)

Un sieur Loiseau a légué à la commune une somme de 1.800 francs qui a été placée en rentes sur l'État et dont les arrérages doivent être employés à entretenir la sépulture du testateur.

Cette libéralité a été acceptée par délibération du 22 janvier 1878, approuvée par arrêté du 14 février suivant.

Tombe militaire. — Une tombe militaire (concession de 4 mètres, entourée d'un grillage) renferme les corps de soldats tués pendant la guerre 1870-71. Elle a été érigée en 1888. La croix qui la surmonte porte : « A la mémoire des soldats morts pour la patrie ».

Il n'y a, dans la commune, ni *hospice*, ni *hôpital*, ni *morgue*, ni *crèche*, ni *dispensaire*, ni *fourneau économique*, ni *fourrière*, ni *théâtre*.

Justice de paix. — Les audiences de la justice de paix se tiennent, depuis la construction de la nouvelle maison commune, dans les locaux de l'ancienne mairie située rue de la Mairie, n° 34.

Cet édifice, construit en 1854 sur les plans de M. Naissant, architecte de l'arrondissement de Sceaux, s'élève sur une terrasse à laquelle on accède par deux longues rampes. La façade principale, qui, seule, présente quelque intérêt, comporte deux étages divisés en trois travées. Celle du milieu présente une porte encadrée de deux chambranles et surmontée d'un balcon en pierre que supportent deux consoles. Les deux autres travées sont occupées par des fenêtres rectangulaires.

Il a une superficie de 3.000 mètres et aurait coûté 145.000 francs environ (voir p. 30).

Cet immeuble est partiellement occupé aujourd'hui par le *bureau de poste* dont la commune loue les locaux à l'État, et par des cours divers, dont il sera parlé au paragraphe « Enseignement ».

Marché. — Un marché couvert, occupant une surperficie de 800 mètres, a été édifié rue de la Mairie, n° 27, près du square dont il a été parlé. Construit en 1895, il a coûté 90.000 francs dont 15.000 francs pour le terrain et 75.000 pour les travaux.

Un projet comportant la désaffectation du marché et son remplacement par deux autres sous abris mobiles est à l'étude.

Commissariat de police. — Le commissariat est installé rue Kléber dans un immeuble construit en 1898, à cet effet, par la commune. Le terrain provenait de l'agrandissement de la place de la République ; la construction a coûté 18.112 francs.

Fort. — Le fort, dit de Vanves, se trouve sur le territoire de Malakoff.

§ II. — DÉMOGRAPHIE

A. — POPULATION

Les dénombrements faits depuis 1801 ont donné les résultats suivants :

1801.	1.256 [1]
1817.	1.694
1831.	2.398
1836.	2.427
1841.	2.506
1846.	2.646
1851.	3.019
1856.	3.783
1861.	6.016 [2]
1866.	8.511
1872.	7.926
1876.	8.812
1881.	12.005
1886.	5.936 [3]
1891.	6.035
1896.	8.741

Lors de la création de Malakoff en commune distincte, le chiffre de la population de Vanves était neuf fois plus élevé qu'au commencement du siècle. Aujourd'hui encore, il est sept fois plus élevé.

Le recensement de 1896 a donné, pour la population *résidente*, 8.741 habitants se décomposant comme suit :

Résidents présents	7.986	
— absents	27	8.741 habitants.
Population comptée à part.	728	

1. Un siècle auparavant, en 1709, lors du dénombrement des paroisses de la Généralité de Paris, la population de Vanves ne comprenait que 182 feux *(Appendice* (p. 424) *au Mémoire de la Généralité de Paris pour l'instruction du duc de Bourgogne,* publié dans la collection des Documents inédits de l'histoire de France, par M. de Boislisle).

2. Annexion à Paris d'une partie du territoire.

3. Création de la commune de Malakoff par démembrement de la commune de Vanves.

La population, *recensée comme présente*, le 29 mars 1896, comprend :

	ENFANTS ou célibataires	MARIÉS	VEUFS	DIVORCÉS	TOTAL
Hommes.............	2.465	1.749	199	6	4.419
Femmes	1.880	1.862	552	13	4.307
	4.345	3.611	751	19	8.726

La population de Vanves, au point de vue du lieu d'origine, se classe de la manière suivante :

13/17 ᵉˢ d'habitants venus des divers points de la France ;
3/17ᵉˢ d'habitants nés à Vanves ;
1/17ᵉ d'Alsaciens et d'étrangers.

Le classement de la population par nationalité donne le tableau ci-après :

		HOMMES	FEMMES	TOTAL
Français	Nés de parents français.............	4.191	4.054	8.245
	Naturalisés	131	123	254
Étrangers	Anglais, Écossais, Irlandais........	5	12	17
	États-Unis.....................	2	1	3
	Autres Américains	10	4	14
	Allemands......................	9	23	32
	Autrichiens....................	9	12	21
	Belges........................	27	37	64
	Hollandais.....................	2	1	3
	Luxembourgeois..................	3	2	5
	Italiens.......................	10	17	27
	Espagnols......................	3	7	10
	Suisses......	14	11	25
	Russes....................... ..	2	2	4
	Roumains......................	1	1	2
		4.419	4.307	8.726

Les départements qui fournissent à Vanves le plus fort contingent sont :

Seine (non compris Vanves) . . . .   2.238 habitants
Seine-et-Oise   307   —
Corrèze.   361   —
Ille-et-Vilaine.   237   —
Meuse.   201   —

En résumé, la population de Vanves, considérée au point de vue du lieu de naissance des habitants, se répartit ainsi :

Français . . 8.499 dont . . 1.530 nés dans la commune.
Étrangers. .   242   — . .   14   —
Soit un total de. 8.741 dont . . 1.544 nés dans la commune.

Pour l'année 1900, on a enregistré à l'état civil :

208 naissances ;
232 décès ;
66 mariages ;
5 divorces.

B. — HABITATIONS

Nombre de maisons : 1.000.

Habitations composées d'un rez-de-chaussée   285
—   d'un étage.   457
—   de deux étages   200
—   de trois étages.   53
—   de quatre étages   5
                                       Total 1.000
dont . . . .   963 occupées.
et. . . . .   37 vacantes.
Nombre de logements : 2.827, dont 2.712 occupés par.   325 isolés.
                                       et. . . 2.387 familles.
157 ateliers, magasins ou boutiques.

C. — DIVERS

Électeurs inscrits en 1901. — 2.358.

Recrutement. — 58 conscrits ont tiré au sort en 1901.

Chevaux. — 318 chevaux, appartenant à 199 propriétaires.

Chevaux entiers. . . . .   37 dont   1 au-dessous de 6 ans
Chevaux hongres   109   —   5   —
Juments.   172   —   1   —
     Totaux . . . .   318 dont   7 au-dessous de 6 ans

Voitures. — 195 voitures, appartenant à 104 propriétaires :

> 94 à 2 roues attelées de 1 cheval
> 1 à 2 — — 2 chevaux
> 99 à 4 roues attelées de 1 cheval
> 1 à 4 — — 2 chevaux

Total. . . 195

§ III. — FINANCES

A. — CONTRIBUTIONS

Principal des contributions directes en 1901 :

Contribution foncière		14.988 »
— personnelle et mobilière.		24.359 »
— des portes et fenêtres		12.215 »
— des patentes		17.240,36
	Total.	68.802,36

Perception des contributions. — Vanves est le siège de la perception dont la circonscription comprend en outre les communes de Châtillon, Clamart, Issy et Malakoff.

Le percepteur de cette circonscription se tient rue de la Mairie, n° 37, à la disposition des contribuables, les mardis et vendredis, de 9 heures à 3 heures.

B. — OCTROI

L'octroi de Vanves est administré en régie.

Les bureaux de perception sont situés aux points ci-après :

Bureau du Lycée, boulevard du Lycée ;

Bureau du Pont de la Vallée, route départementale n° 50.

Bureau de la route de Montrouge, près du pont du chemin de fer ;

Bureau du Clos Montholon, situé à l'entrée du pont de ce nom, territoire de Malakoff ;

Bureau de la Station, à la station du chemin de fer de Clamart, territoire de cette commune ;

Bureau de la rue d'Arcueil, au passage à niveau du chemin de fer.

Ces bureaux sont indiqués par un tableau portant ces mots : *Bureau de l'Octroi*. Ils sont ouverts tous les jours :

De 7 heures du matin à 6 heures du soir pendant les mois de janvier, février, novembre et décembre ;

De 6 heures du matin à 7 heures du soir pendant les mois de mars, avril, septembre et octobre ;

De 5 heures du matin à 8 heures du soir, pendant les mois de mai, juin, juillet et août.

Les tarif et règlement actuellement en vigueur et qu'on trouvera aux Annexes, ont été votés par délibération du 16 mars 1899 et approuvés par décret du 30 décembre suivant. Ces délibération et approbation comportent prorogation des taxes jusqu'au 31 décembre 1904.

Le personnel comprend : 1 préposé, 1 brigadier, 3 surveillants et 6 receveurs.

En 1900, les taxes ordinaires ont produit 76.273 fr. 17 et les taxes spéciales 38.040 fr. 42.

Les dépenses d'administration de l'octroi se sont élevées la même année à 13.245 fr. 13, savoir :

Personnel, 11.730 francs ; location de bureaux, 400 francs ; indemnité à la régie pour frais d'exercice chez les débitants, 186 fr. 60 ; achat et entretien du matériel, chauffage et éclairage, frais d'impression et de bureau, etc., 928 fr. 53.

C. — FINANCES COMMUNALES

Recettes ordinaires d'après le compte de 1900.	169.948,65
— extraordinaires — — .	90.489,46
Total.	260.438,11 [1]
Dépenses ordinaires d'après le compte de 1900.	176.358 » [2]
— extraordinaires — — .	53.921,15 [2]
Total.	230.279,15 [3]

[1]. Ces recettes constituent les ressources normales de la commune.

[2]. Non compris les restes à payer devant figurer au compte administratif de l'année suivante.

[3]. Ce total représente les dépenses normales de la commune.

Les dépenses se répartissent ainsi qu'il suit entre les principaux services :

        1° Administration et police 65.214,68
        2° Voirie. 58.077,84
        3° Bienfaisance. 15.602,31
        4° Enseignement 28.910,56
        5° Dépenses diverses 8.552,61

Emprunts. — Par arrêté préfectoral du 18 décembre 1896, la commune a été autorisée à emprunter au Crédit foncier de France, pour l'exécution de travaux communaux, une somme de 490.830 fr. 10, qui, avec le montant du service des intérêts, frais de commission, etc., ont donné une somme de 804.505 fr. 82. L'amortissement s'étend sur une période de 30 ans qui va du 31 janvier 1898 au 31 janvier 1927. Il est effectué au moyen de taxes speciales d'octroi.

A la fin de 1899, le montant des remboursements s'élevait à 41.612 fr. 37, dont 14.638 fr. 84 pour le capital et 26.974 fr. 03 pour les intérêts et frais accessoires. Le montant des remboursements à effectuer s'élevait donc à 762.893 fr. 45.

Un arrêté du 18 décembre 1897 a autorisé la commune à emprunter, au même établissement, pour rembourser un emprunt de 85.000 francs, construire la mairie et la crèche et exproprier divers immeubles, une somme de 180.000 francs. L'amortissement qui porte, avec les intérêts et frais accessoires, sur une somme de 299.513 fr. 40, est réalisé au moyen d'une imposition extraordinaire de 0 fr. 20 pendant 30 ans à partir du 1er janvier 1898 jusqu'au 31 janvier 1927.

Au 31 décembre 1899, le montant des remboursements atteignait 14.975 fr. 67 dont 5.078 fr. 48 pour le capital et 9.897 fr. 19 pour les intérêts.

Une somme de 5.000 francs, remboursable au moyen des taxes spéciales d'octroi, a été empruntée au même établissement pour l'installation du téléphone; l'autorisation a été donnée par arrêté du 19 juillet 1898.

Les frais qui s'élèvent à 200 francs ont seuls été remboursés.

Enfin, pour la construction d'un commissariat de police, on a emprunté au même établissement, en vertu d'un arrêté préfectoral du 14 avril 1898, une somme de 16.000 francs, remboursable en 30 ans, du 31 janvier 1899 au 31 janvier 1929.

Le montant des remboursements s'élève avec les intérêts et les frais à 27.118 fr. 03 sur lesquels il reste dû 26.666 fr. 06.

Secours. — Depuis 1890, la commune a reçu les sommes ci-après, à titre de secours :

Année 1891. — Agrandissement des écoles communales	26.000 »
Année 1897. — Acquisition d'un immeuble, aménagement de la mairie, construction d'un marché couvert et d'une crèche, opérations de viabilité	50.000 »
Année 1898. — Construction de la nouvelle mairie	30.000 »
Année 1900. — Construction d'une école maternelle au Plateau	36.256 »

Valeur du centime en 1900. — 783 fr. 12.

Nombre de centimes. — 76 centimes dont 20 centimes extraordinaires.

Charges par habitant. — 21 fr. 45.

Receveur municipal. — Depuis le 1er janvier 1893, la commune a un receveur municipal spécial qui reçoit un traitement annuel de 2.500 francs. La caisse est ouverte à la mairie, les mardis et vendredis, de 9 heures à 4 heures.

II. — SERVICES PUBLICS

------

§ I. — BIENFAISANCE

Le Bureau de bienfaisance secourt, à titre permanent, environ 100 indigents. Ceux-ci reçoivent chaque semaine, l'été, un bon de pain de 2 francs ; l'hiver, un bon de pain et un bon de viande de 1 franc, ainsi qu'un bon de charbon de même valeur.

Les indigents inscrits à titre temporaire, qui sont en nombre très variable, reçoivent, été comme hiver, un bon de pain ; cependant cette allocation ne leur est pas attribuée régulièrement.

Les bons sont échangés, par les porteurs, chez le fournisseur de leur choix. Celui-ci recouvre sur la commune la valeur des bons payés d'après le cours des marchandises.

Tous les indigents inscrits ont droit à l'assistance médicale qui est assurée par un médecin attaché au Bureau de bienfaisance. Ces secours sont également accordés à tout individu dont l'indigence a été reconnue après enquête.

Toutes les sages-femmes de la commune sont appelées à donner leurs soins aux femmes indigentes en couches. Elle reçoivent du Bureau de bienfaisance 10 francs par accouchement.

Enfin, les médicaments sont fournis par les pharmaciens de la localité qui consentent un rabais de 35 à 40 % sur les prix du Codex.

On distribue, en outre, quelques secours de loyer dont la quotité varie de 5 à 15 francs.

Voici le compte du Bureau de bienfaisance pour l'exercice 1900 :

RECETTES

Rentes sur l'État.	52I »
Intérêts des fonds placés au Trésor	24 »
Concessions dans le cimetière	3.o62 »
Subvention de la commune	3.5oo »
Dons, souscriptions, quêtes, etc	1.118,95
Subvention pour secours à domicile	1.400 »
— pour secours de loyer	3oo »
Excédent des recettes ordinaires de l'exercice précédent.	2.027,16
Reliquat de la subvention pour secours à domicile en 1899	175 »
Reliquat de la subvention pour secours de loyer en 1899	162 »
Reversement pour trop-payé.	2,47
Subvention départementale pour la fête nationale .	215 »
Total.	**12.5o7,58**

DÉPENSES

Traitement du médecin	400 »
— du receveur	258 »
— de l'employé.	100 »
Frais d'accouchement	35o »
Frais de bureau.	7,20
Dépenses imprévues.	64,60
Achat de viande	1.697 »
— de pain.	4.833,5o
— de combustibles.	6o5,52
— de médicaments	899,84
Secours en argent.	245 »
Salaire des journaliers chargés de la desserte du lycée	40 »
Secours à domicile	1.462,5o
— de loyer.	623,10
Médicaments 1899.	87,22
Emploi de la subvention pour la fête nationale . .	215 »
Total.	**11.888,48**

RÉSULTAT DU COMPTE DE L'EXERCICE 1900

Recettes.	12.5o7,58
Dépenses	11.888,48
Excédent de recettes.	**619,10**

La dépense qui figure sous la rubrique « salaire des journaliers chargés de la desserte du lycée » a pour but de rémunérer deux journaliers qui transportent chaque jour, après le repas de midi, la desserte du lycée, en un endroit fixé d'avance. Là les indigents autorisés par la Commission du Bureau de bienfaisance se partagent ces restes.

En ce qui concerne les rentes, voici l'énumération de quelque libéralités qui ont pu servir à les constituer :

Une dame Louise-Madeleine-Adélaïde Boscher, veuve de Louis-Victor Ribou, a légué, par son testament du 26 octobre 1887, une somme de 150 francs de rente pour les pauvres. L'autorisation d'accepter a été donnée par décret du 12 août 1892.

M. Augustin-Firmin Baudet a légué aux pauvres, par testament du 27 avril 1887, une somme de 500 francs en argent. Un décret du 10 juillet 1895 a autorisé l'acceptation.

On cite encore un legs Duval au Bureau de bienfaisance (12 mars 1850) de 250 francs de rente. Le surplus des rentes sur l'État paraît provenir de l'emploi des excédents de recettes.

Traitement des malades dans les hôpitaux de Paris. — Les malades de la commune sont envoyés en traitement dans les hôpitaux de Paris. Jusqu'à l'an dernier, ils y étaient admis et traités aux conditions fixées par délibérations des Conseils général et municipal de Paris, datant de 1890.

D'après ces actes, les dépenses occasionnées par le traitement de ces malades, évaluées à 3 fr. 05 par jour, défalcation faite des droits d'octroi, étaient supportées, partie par la commune intéressée, partie par le département et partie par l'Administration générale de l'Assistance publique.

La contribution de la commune était calculée à raison de 1 franc par jour et par malade et basée, au choix de celle-ci, soit sur le nombre moyen de journées de traitement des trois dernières années, soit sur le nombre réel des journées de traitement de l'année. Celle du département était calculée aussi à raison de 1 franc par jour, mais elle était acquittée sous forme de subvention forfaitaire dont le chiffre avait été fixé à 225.000 francs par an; le surplus de la dépense était supporté par l'Assistance publique.

On a été amené à modifier ces conditions sous l'influence de l'élévation de la moyenne des prix de journée qui passait de 3 fr. 05 à 3 fr. 34 et de l'augmentation du nombre de journées dont la subvention du département fixée une fois pour toutes ne suivait pas les variations. Or, voici le système qui vient d'être admis par le Conseil général (délibération du 28 novembre 1900) et qui, après adoption par les communes, est en vigueur pour une période de 5 ans à compter du 1er juillet 1900. Le prix de journée fixé à 3 fr. 34 est supporté jusqu'à concurrence de 1 fr. 10 par les communes, d'une égale somme par le département et de 1 fr. 15 par l'Administration générale de l'Assistance publique. Les communes conservent le droit, comme précédemment, de contracter des abonnements dans les mêmes conditions ou de payer leur quote-part suivant le nombre exact des journées de traitement des malades ayant leur domicile de secours sur leur territoire. Quant au département, il versera non plus une subvention fixée à forfait, mais une somme représentant exactement 1 fr. 10 par journée de traitement.

Le Conseil municipal de Vanves a accepté cette organisation par délibération du 14 décembre 1900.

En 1900, la commune a payé, pour ce service, une somme de 5.000 francs.

C'est l'hôpital Broussais qui est plus spécialement désigné pour recevoir les malades de Vanves.

Le transport s'effectue, soit au moyen des voitures d'ambulances urbaines pour lesquelles on s'adresse rue de Staël, soit par un voiturier de la commune à qui on paye une somme de 4 francs par voyage. En 1900, la dépense s'est élevée à 148 francs.

Assistance à domicile. — En vertu des délibérations des 18 décembre 1895 et 26 avril 1896, le Conseil général inscrit annuellement, au budget départemental, une somme de 50.000 francs dans le but de contribuer aux dépenses faites par les communes pour l'assistance à domicile des vieillards indigents, infirmes ou incurables.

Le montant de la contribution départementale est déterminé par l'Administration et doit correspondre au tiers de l'allocation municipale qui, d'ailleurs, est facultative.

Les vieillards ainsi secourus doivent remplir les conditions suivantes : avoir 65 ans et un séjour de 10 ans à Paris ou dans le département de la Seine.

Aucune condition d'âge n'est exigée des indigents infirmes et incurables.

9 vieillards ont été secourus dans ces conditions en 1900, dont 5 valides et 4 infirmes; 5 reçoivent une pension de 200 francs par an, et 4 reçoivent 100 francs seulement. Le total des allocations s'est donc élevé à 1.400 francs.

Le département a remboursé 465 fr. 66.

Aliénés. — 27 malades ayant leur domicile de secours à Vanves ont été soignés au cours de l'année 1900, dans divers asiles des départements.

Ils ont occasionné une dépense totale de 14,501 fr. 65.

La commune, contribuant dans la dépense pour 40 %, a dû payer 5.800 fr. 66, le surplus, soit 8.700 fr. 99, restant à la charge du département.

La part pour laquelle chaque commune contribue à ces dépenses est fixée par délibération du Conseil général et varie suivant le revenu de la commune intéressée.

Enfants assistés, maltraités et moralement abandonnés. — L'article 25 de la loi du 24 juillet 1889 sur la protection des enfants maltraités ou moralement abandonnés dispose que, dans les départements où le Conseil général se sera engagé à assimiler, pour la dépense, les enfants faisant l'objet des deux titres de ladite loi, aux enfants assistés, la subvention de l'État sera portée au cinquième des dépenses tant extérieures qu'intérieures des deux services et le contingent des communes constituera pour celles-ci une dépense obligatoire, conformément à l'article 136 de la loi du 5 avril 1884.

Suivant délibération du 16 décembre 1889, le Conseil général de la Seine, dans le but de bénéficier des dispositions de l'article précité, ayant assimilé pour la dépense à partir du 1er janvier 1890, les enfants maltraités ou moralement abandonnés aux enfants assistés, il en résulte que les communes n'ont à supporter qu'un seul contingent pour ces deux services.

La somme payée de ce chef, en 1900, par la commune de Vanves, s'est élevée à 2.033 fr. 31.

Protection des enfants du 1er âge. — En 1899, les déclarations faites par les parents, conformément à l'article 7 de la loi du 23 décembre 1874, se résument ainsi qu'il suit:

	AU SEIN	AU BIBERON	TOTAL
Nombre d'enfants de Vanves mis en nourrice dans le département de la Seine (hors Paris).	3	5	8
Nombre d'enfants mis en nourrice hors du département de la Seine......................	3	34	37
	6	39	45

D'autre part, il a été fait, en exécution de l'article 9 de la même loi, 26 déclarations d'élevage, toutes relatives à des enfants nés dans le département de la Seine.

Au point de vue de la protection des nourrissons, Paris et les communes du département forment 18 circonscriptions à chacune desquelles sont attachés un médecin inspecteur et une dame visiteuse.

Vanves dépend de la 18e circonscription dont le médecin inspecteur visite les nourrices les mardis, jeudis et samedis, de 1 heure à 3 heures, 13, rue des Sablons, à Sceaux.

Il n'y a, dans la commune, ni *crèche*, ni *dispensaire*, ni *fourneau économique*.

Bureau municipal de placement gratuit. — Par une délibération de 1896, le Conseil municipal a décidé la création d'un bureau municipal de placement gratuit. Ce bureau, qui a été réorganisé par délibération du 2 février 1901, reçoit en moyenne 25 à 30 offres d'emploi et 80 demandes par an. Il place surtout des bonnes, des femmes de ménage, des hommes de peine et des jeunes gens.

Il est en correspondance avec le bureau municipal de placement du 15e arrondissement de Paris.

Secours aux familles des réservistes. — Aux familles des soldats de la réserve et de la territoriale qui accomplissent une période d'exercice, on alloue une indemnité de 1 franc par jour pour la femme et de 0 fr. 50 par jour et par enfant. En 1900, la dépense s'est élevée à 2.480 francs.

La loi de finances du 25 février 1901, dans son article 43, a ouvert au Ministère de l'intérieur un crédit de 500.000 francs en vue de subventions allouées par l'État aux communes, pour secours aux familles nécessiteuses des réservistes et territoriaux. La répartition est faite entre les départements d'après un état annexé à ladite loi, dans lequel le département de la Seine figure pour 21.700 francs. La répartition entre les communes doit être faite par le Conseil général, dans chaque département, et, dans la commune, les bénéficiaires sont désignés par le Conseil municipal.

Propagation de la vaccine. — Aux mois de mars et octobre, en exécution d'une circulaire préfectorale du 14 février 1894, les enfants des écoles sont vaccinés et revaccinés par les soins de l'Institut de vaccine animale, n° 8, rue Ballu, à Paris, qui vaccine également les jeunes enfants qu'on lui présente, même s'ils n'ont pas l'âge scolaire.

Le médecin du Bureau de bienfaisance fait, de son côté, quelques vaccinations. Les nouveau-nés sont vaccinés par les soins des sages-femmes ou des médecins à qui le département alloue quelques primes ou des diplômes.

Caisse des écoles. — La Caisse des écoles de Vanves, dissoute par l'assemblée générale de ses adhérents en date du 27 janvier 1884, a été réorganisée, et ses nouveaux statuts ont été approuvés par arrêté préfectoral du 31 juillet de la même année.

Voici le compte rendu financier pour l'année 1899 :

RECETTES

Reliquat de l'exercice 1898	3.431,22
Cotisations volontaires de l'année 1899	1.692 »
Subvention du département 1898	600 »
Produit de quêtes et dons 1899	295,16
Intérêts des fonds au Trésor 1898	41,51
Vente de portions de la cantine 1898-99	1.810,05
Total des recettes	7.869,88

DÉPENSES

Achat de vêtements	567,75
Achat de chaussures	641,75
Achat d'aliments, cantine	3.515,45
Achat de livres de prix	240 »
A reporter	4.964,95

Report 4.964,95

Frais de personnel. . . . . 336 »
Frais de bureau 21,94
Dépenses imprévues. 41,5o
Achat et entretien du mobilier. 125.3o

Total des dépenses. 5.489,69

Récapitulation . { Recettes 7.869,88
{ Dépenses. 5.489,69

Excédent de recettes au 31 décembre 1899. . . . 2.38o,19

Reliquat . . . . { Au Trésor. 1.699,o3
{ En caisse 681,16

Total égal 2.38o,19

POUR MÉMOIRE

Recettes du 1er janvier au 31 mars 1900. . . . . 3.5o6,31
Dépenses du 1er janvier au 31 mars 1900. . . . 3.695,87
Solde créditeur 2.190,63

Les sociétaires sont environ au nombre de 160 et payent une cotisation de 12 francs par an.

C'est la Caisse des écoles qui assure le fonctionnement de la cantine dont il sera parlé p. 63.

Rosière. — Louis-Marie Larmeroux, décédé le 8 avril 1894, a légué à la commune, aux termes d'un testament en date du 10 août 1892, 400 francs de rente. Cette somme doit être remise, par les soins de la municipalité, à la jeune fille la plus méritante de Vanves, à condition qu'elle se marie le jour de la Saint-Louis.

La commune est en instance d'autorisation pour accepter ce legs.

Société de secours mutuels. — Une Société de secours mutuels a été fondée à Vanves, sous la dénomination : Société de secours mutuels de Saint-Fiacre. Ses statuts ont été approuvés par arrêté ministériel du 29 mai 1861. Ils ont été revisés depuis, notamment en 1892.

La Société procure à ses membres participants : les soins médicaux et les médicaments pendant le cours de la maladie, une indemnité de 1 fr. 5o par jour pendant les trois premiers mois de maladie, et de 1 franc par jour pour les trois mois suivants. En cas de mort, la Société pourvoit aux funérailles et un secours de 5o francs est accordé à la veuve et aux ascendants.

Montant de la cotisation. — Les capitaux disponibles sont employés à la création de pensions de retraite en faveur des membres âgés. La Société compte actuellement 14 membres retraités et 17 membres en subsistance des Sociétés étrangères.

Les membres participants versent une cotisation de 2 francs par mois. Les membres honoraires payent une cotisation d'au moins 12 francs par an. On doit acquitter, en outre, un droit d'entrée fixé comme suit :

De 16 à 20 ans	2 francs
De 21 à 3o ans	4 —
De 31 à 40 ans.	6 —
De 41 à 5o ans	10 —

Voici, au surplus, la situation financière de la Société qui a obtenu une mention honorable à l'Exposition de 1900.

RECETTES

Les recettes de l'année 1899 se composent de :

Cotisations des membres honoraires	535 »
— participants	876 »
Produit des amendes	40 »
Produit des entrées.	16 »
Prix de livrets et insignes	6,55
Intérêts des sommes en compte courant à la Caisse des dépôts, au 31 décembre 1898	135 »
Remboursement des frais de pharmacie des membres en subsistance.	51,75
Total des recettes.	1.660,30

DÉPENSES

Les dépenses de l'année 1899 comprennent :

Indemnités pour journées de maladie	804 »
Dépenses de pharmacie.	453,50
Honoraires du médecin	260 »
Secours à 1 vieillard.	100 »
Dépenses diverses, comprenant indemnités de veuves, etc	362,20
Total des dépenses	1.979,70

RÉSUMÉ

Le montant des recettes de l'année 1899 étant de. . 1.660,30
Et celui des dépenses de. 1.979,70

Il en résulte un excédent de dépenses de. . . . 319,40
Si l'on retranche cette somme du montant de l'avoir
  en caisse, au 31 décembre 1898, soit 1.037,15

Il reste en caisse au 31 décembre 1899. 717,75

Plus 400 francs versés à la Caisse d'épargne.

ACTIF GÉNÉRAL DE LA SOCIÉTÉ

1° *Avoir disponible*

L'avoir disponible de la Société se décompose comme suit :

Espèces en caisse au 31 décembre 1898. . . . . . 1.037,15
Livret de Caisse d'épargne postale. . . . . 400 »
Fonds placés en compte courant à la Caisse des
  dépôts et consignations . . . . 3.000 »

Total. 4.437,15

Dont il y a lieu de déduire :

Excédent de dépenses de l'exercice 1899. 319,40

Il reste 4.117,75

Se décomposant comme suit :

Espèces en caisse. 717,75
Livret de Caisse d'épargne postale. . . . . . . 400 »
Fonds placés à la Caisse des dépôts et consignations 3.000 »

Total égal 4.117,75

2° *Compte des Fonds de retraite*

Le compte des fonds de retraite de la Société au
  31 décembre 1898, indiqué comme étant de. . 15.797,04
    Se trouve augmenté de :

1° Intérêts courus en 1899. 768,97
2° Subvention pour versement en 1898 12,20
3° Réintégration d'une pension éteinte en 1899 . 1.714 »

Total. 18.292,21
Les 14 pensions existant au 31 décembre 1899 ont
  coûté . . . . 23.996 »

Le montant total des fonds de retraite est donc de . 42.288,21

Mouvement du personnel. — Le nombre des membres honoraires est actuellement de 55 et celui des membres participants de 53. La Société a perdu, en 1899, 11 membres honoraires, dont 2 par suite de décès et 9 démissionnaires; par contre, 11 membres honoraires nouveaux se sont fait inscrire.

Société scolaire de prévoyance mutuelle et de retraite. — Une Société a été formée entre les élèves des établissements d'instruction du canton de Vanves et approuvée par arrêté du Ministre de l'intérieur du 14 décembre 1897.

Elle a pour but : 1° de venir en aide aux parents des sociétaires en état de minorité, ou aux sociétaires devenus majeurs, en leur payant une indemnité en cas de maladie ; 2° de constituer en faveur des membres participants, conformément au décret du 26 avril 1856, un capital de retraite inaliénable, destiné à leur servir de pension de retraite ; 3° d'établir, au profit de chacun d'eux, les premiers éléments d'un livret personnel de retraite à capital réservé ; 4° de faciliter, à leur sortie des classes, l'admission des jeunes gens dans les Sociétés approuvées de prévoyance et de secours mutuels d'adultes. — Le tout, dans la mesure et aux conditions des statuts.

Sur 1.294 sociétaires qu'elle comprenait en 1900, 464 appartenaient aux écoles de Vanves, se décomposant comme suit : 311 garçons et 153 filles.

La même année, l'ensemble des sociétaires a versé 11.565 fr. 35, dans lesquels Vanves figure pour 1.631 fr. 05.

Il a été payé, à titre d'indemnité de maladie, une somme totale de 2.435 fr. 55, sur laquelle les enfants des écoles de Vanves ont reçu 180 francs.

Enfin, il a été pris 514 livrets de caisse de retraite, parmi lesquels 64 pour les enfants des écoles de Vanves.

Voici le détail des recettes et des dépenses de la Société en 1900 :

RECETTES

Reliquat en caisse au 31 décembre 1899	2.086,30
Cotisation des membres honoraires	85 »
— participants.	5.052,05
Part contributive des communes dans les dépenses d'imprimés	717,60
Total	7.940,95

DÉPENSES

Indemnités de maladie 1.255,75
Frais généraux 836,40
　　　Fonds déposés à la Caisse des dépôts :
Fonds libres . . . . 5oo »
Fonds de retraite . . . . 5oo »
Versements sur les livrets individuels de retraite. . 2.582 »

　　　　　Total 5.674,15

BALANCE

Recettes. 7.940,95
Dépenses 5.674,15

　　　Solde en caisse au 31 décembre 1900. . . 2.266,80
Fonds déposés à la Caisse nationale des retraites
　　pour la vieillesse 2.754,31

　　　　　Total 5.021,11
Versements sur livrets individuels de retraite de
　　sociétaires (capital réservé). . . . . 3.724 »

　　　　　Total 8.745,11
Depuis sa fondation, la Société a reçu de ses adhérents 11.565,35

　　　Elle a dépensé à leur profit :
Pour indemnités de maladie. . . . . . 2.435,55 ⎫
Pour versements sur livrets individuels 3.724 » ⎬ 8.3o2,65
Les frais généraux se sont élevés à . . 2.143,10 ⎭

　　Le capital social devrait donc être de . . 3.262,70
Or, il s'élevait au 31 décembre 1900 à 5.021,11

§ II. — ENSEIGNEMENT

École de garçons. — L'école de garçons, située rue de la Mairie, n° 32, comprend 6 classes primaires élémentaires qui, au cours de l'année scolaire 1899-1900, ont été fréquentées par 444 enfants dont 438 âgés de 6 à 13 ans au 1er janvier de cette année et 6 de plus de 13 ans.

Le 2 décembre 1899, 329 enfants étaient présents à l'école et 341 le 2 juin suivant.

45 d'entre eux ont fréquenté une autre école au cours de l'année scolaire.

Cette école est tenue par un directeur déchargé de classes, assisté de 3 instituteurs titulaires et de 3 instituteurs stagiaires.

École de filles. — L'école de filles, située rue Normande, n° 25, comprend 7 classes primaires élémentaires qui ont été fréquentées au cours de la même année par 317 enfants dont 315 étaient âgées au 1er janvier de 6 à 13 ans et 2 avaient plus de 13 ans. 277 d'entre elles étaient présentes à l'école le 2 décembre 1899 et 270 le 2 juin suivant.

L'école est tenue par une directrice chargée de classes assistée d'une institutrice titulaire et de 5 institutrices stagiaires.

École maternelle. — Cette école, située rue de la Mairie, n° 36, comprend 3 classes maternelles, qui ont été fréquentées au cours de l'année scolaire 1899-1900 par 292 enfants dont 90 garçons et 78 filles âgés de moins de 6 ans au 1er janvier de cette année et de 67 garçons et 57 filles de plus de 6 ans.

Le 2 décembre 1899, 153 enfants étaient présents à l'école et 192 le 2 juin suivant.

Elle est tenue par une directrice, une adjointe titulaire et une adjointe stagiaire.

Enseignement du chant, du dessin et de la gymnastique. — Au budget de la commune figure annuellement une somme de 500 francs pour chacun des professeurs de chant, de dessin et de gymnastique.

On trouve, en outre, au compte de 1900, une somme de 100 francs pour l'enseignement de la gymnastique à l'école de filles et 145 francs employés en achat de modèles de dessin.

La même année, la commune a reçu, sur le budget départemental, une subvention de 51 francs pour l'enseignement du dessin et 56 francs pour celui de la gymnastique.

Admission dans les écoles primaires supérieures et professionnelles de la Ville de Paris. — En 1900, 9 élèves des écoles de Vanves (4 garçons et 5 filles) ont été admis dans les écoles primaires supérieures et professionnelles de la Ville de Paris. 2 d'entre eux sont entrés à l'école J.-B. Say, 2 à Lavoisier et 5 à l'école professionnelle de la rue Fondary.

Dons et legs faits aux écoles. — Par acte du 29 octobre 1879, M. Monnier, architecte du groupe scolaire de Vanves, a donné à cette commune une somme de 500 francs à charge de l'employer en achat de rentes sur l'État; les arrérages doivent servir chaque année à constituer un livret de Caisse d'épargne au profit de l'élève des écoles communales de garçons qui se sera le plus distingué dans l'étude du dessin.

Depuis l'érection du quartier de Malakoff en commune distincte, une somme de 11 francs représentant la part de cette dernière dans cette libéralité lui est attribuée chaque année.

Un legs Loiseau, accepté par délibération du 22 janvier 1898, approuvé par arrêté préfectoral du 14 février suivant, comprend, outre la libéralité dont il a été parlé p. 40, une somme de 500 francs qui est placée en rentes sur l'État et dont les arrérages sont employés chaque année en achat de prix aux enfants des écoles.

Une demoiselle Marie-Alexandrine Tilly a légué à la commune, aux termes de son testament en date du 30 juillet 1886, la nue propriété d'une rente de 600 francs dont l'usufruit appartient, leur vie durant, aux frères et sœurs de la testatrice. Cette somme, quand la commune en aura la pleine propriété, devra être consacrée: 1º à l'achat de livrets de Caisse d'épargne pour les élèves les plus méritants des deux sexes des écoles laïques de Vanves; 2º à l'entretien de la sépulture de famille de la testatrice. La commune est en instance d'autorisation pour l'acceptation de cette libéralité.

Classes de garde. — Depuis plusieurs années déjà des classes de garde fonctionnent tous les jours, excepté les jeudis et dimanches, pendant toute l'année scolaire. Elles ont lieu dans les 2 écoles (3 à l'école de garçons et 2 à l'école de filles) de 4 heures à 6 heures du soir. Elles sont fréquentées par 100 garçons et 80 filles.

La dépense s'est élevée en 1900 à 1.962 fr. 50.

En 1900, la commune a reçu, dans ce but, du département une subvention de 466 fr. 62.

Classes de vacances. — Des classes dites de vacances ont lieu, à l'école de garçons et à celle de filles, pendant un mois, au cours des vacances.

Elles sont fréquentées, en moyenne, par 400 enfants, et occasionnent une dépense de 400 francs par an.

Bibliothèques scolaires. — Il existe une bibliothèque scolaire dans chaque école ; celle de l'école de garçons possède 180 volumes et celle de l'école de filles 120.

Au compte de 1900, figure, pour l'entretien des bibliothèques scolaires et achat de livres, une somme de 89 fr. 25.

Cantine scolaire. — Une seule cantine fonctionne pour les trois écoles. Elle est installée dans les dépendances de l'école de filles. Le matériel a été acquis par la commune il y a 5 ou 6 ans ; celle-ci fournit, en outre, le local et le chauffage qui est prélevé sur celui des écoles. Pour ce qui est du fonctionnement, il est assuré par la Caisse des écoles qui paye même les femmes de service.

La cantine fonctionne, chaque année, d'octobre à mars. On donne aux enfants seulement le repas de midi. Les portions comprennent le pain, la viande et un légume ; chaque enfant porte sa boisson.

Les fournitures sont faites par les commerçants de la localité qui font partie de la Caisse des écoles.

On a vu, au budget de cet établissement, que les dépenses pour achat d'aliments se sont élevées à 3.515 fr. 45, la vente des portions ayant produit 1.810 fr. 05

Le prix de la portion est de 0 fr. 10 ; antérieurement il était de 0 fr. 05. Des portions gratuites sont distribuées aux enfants des familles indigentes.

Il n'a pas été organisé d'*excursions scolaires* dans la commune.

Association philomatique. — Cette Société dont le siège est à Paris, rue de la Verrerie, n° 38, a, à Vanves, une section florissante, qui fonctionne d'octobre à fin mars de chaque année, dans les locaux de l'ancienne mairie et de l'école de garçons. Elle n'a pas moins de 25 cours publics et gratuits par semaine, fréquentés par 500 auditeurs.

Ces cours ont pour objet l'enseignement primaire, la préparation au certificat d'études d'adultes, aux brevets ; ils portent sur l'enseignement commmercial et industriel, la musique et le dessin.

Patronage laïque municipal. — Association amicale des élèves et anciens élèves de l'école de Vanves. — Sous cette dénomination, il a été fondé à Vanves, depuis le 3 mars 1901, une Société dont le siège social est à l'école. Elle a pour but, aux termes des statuts, « de resserrer entre ses membres les relations d'amitié qui unissent déjà les camarades de l'école et d'ériger ces relations en des liens durables de solidarité fraternelle ».

Pour répondre au but de son institution :

1° L'Association renseigne ses membres sur les divers cours d'adultes de l'arrondissement et les stimule par ses conseils à chercher, dans ces cours, le complément d'instruction nécessaire à leur profession.

2° Elle organise des réunions périodiques (causeries, lectures, cours, conférences, excursions, jeux, fêtes, etc.) destinées à mettre ses membres fréquemment en contact et à perfectionner leur éducation sociale et patriotique.

3° Elle s'occupe de pourvoir d'emplois les sociétaires sans place et, le cas échéant, de procurer aux sociétaires déjà placés des situations plus conformes à leurs aptitudes.

4° Indépendamment des avantages qu'on vient d'énumérer, et en ce qui concerne plus spécialement les élèves fréquentant encore l'école, l'Association organise des réunions tous les jeudis et tous les dimanches, afin de procurer à ces jeunes gens un endroit à eux réservé, où ils peuvent trouver tous les éléments nécessaires à leurs distractions, tout en les soustrayant aux mauvaises fréquentations de la rue.

Des réunions ont lieu tous les dimanches et tous les jeudis, ce dernier jour étant plus spécialement réservé aux élèves qui fréquentent encore l'école.

Le patronage a été autorisé par arrêté préfectoral du 27 mars 1901 ; il comptait, à cette date, environ 120 membres.

Cours secondaire de jeunes filles. — A l'ancienne mairie, des professeurs du lycée font, depuis 1898, des cours pour les jeunes filles, en vue de la préparation au brevet de l'enseignement primaire et aux examens d'admission dans les écoles du gouvernement et dans les grandes administrations publiques. La rétribution demandée est de 15 ou 20 francs par mois, suivant qu'il s'agit du cours élémentaire ou des cours moyen et supérieur.

§ III. — VOIRIE

La longueur des voies de communication qui sillonnent le territoire de la commune de Vanves est de 20.825 mètres, savoir :

Route départementale	2.325ᵐ	»
Chemins de grande communication	3.680ᵐ	»
Chemins vicinaux ordinaires	860ᵐ	»
Chemins ruraux.	1.935ᵐ	»
Voirie urbaine	10.660ᵐ	»
Voies particulières	1.365ᵐ	»
Total	20.825ᵐ	»

La route départementale *n° 30*, qui part de Paris (porte Brancion), s'étend sur le territoire de Vanves sur 2.325 mètres de longueur, parallèlement à la ligne du chemin de fer de Versailles qui sert de limite aux communes de Vanves et de Malakoff. Son parcours, qui se termine au Clos Montholon, emprunte successivement la rue de Paris et la rue des Vinaigriers. Sur la rue de Paris, la largeur normale de la route est de 12 mètres. Elle est de 15 mètres sur la rue des Vinaigriers. La largeur de la chaussée pavée est de 7 m. 20 dans la rue de Paris, et de 6 mètres seulement dans la rue des Vinaigriers. Cette voie est pourvue d'un égout sur toute la longueur de la rue de Paris, sauf une lacune de 325 mètres, entre la rue de la Mairie et la rue Diderot. Cette route est parcourue, en outre, sur toute sa longueur, par une voie de tramway, laquelle donne passage à la ligne de Vanves-Champ-de-Mars, entre Paris et la rue de la Mairie, et, au delà, à la ligne Clamart-Saint-Germain-des-Prés.

Les trottoirs de la route, presque entièrement pavés dans la rue de Paris, sont en terre dans la zone des fortifications et dans la rue des Vinaigriers. Ces deux dernières sections sont, en outre, pourvues d'une plantation.

Chemins de grande communication. — Le chemin de grande communication *n° 50* a, sur le territoire de Vanves, une longueur de 1.205 mètres, non compris la rue de la République qui lui sert d'annexe et qui a une longueur de 425 mètres. Sur ce parcours qui emprunte successivement le boulevard du Lycée et la rue de la Mairie, ce chemin présente des largeurs variables; de 20 mètres sur le boulevard du Lycée, sa largeur entre alignements tombe à 10 mètres dans la rue de la Mairie, entre la place du Val et la rue de Paris, et à 15 mètres entre ce dernier point et le chemin de fer de Versailles.

La chaussée, entièrement pavée et pourvue d'un égout, donne passage aux lignes de tramways Boulogne-Montreuil, Clamart-Saint-Germain-des-Prés, Vanves-Saint-Philippe-du-Roule et Vanves-Champ-de-Mars. Une plantation orne les trottoirs de la section large de ce chemin, entre la rue de la Mairie et le boulevard du Lycée.

Le chemin de grande communication *n° 61*, nouvellement classé et récemment mis en état de viabilité, emprunte l'ancienne voie des Glaises. Sa longueur entre le territoire d'Issy-les-Moulineaux et le Pont de la Vallée, extrémité du territoire de Vanves, est de 975 mètres; sa largeur normale est de 12 mètres. Il est pourvu d'une chaussée empierrée de 6 mètres, encadrée de bordures avec caniveaux pavés.

Le chemin de grande communication *n° 71*, qui va de Vanves à Clamart, emprunte le territoire de la première de ces communes sur une longueur de 775 mètres. D'une largeur normale de 15 mètres, ce chemin comporte une chaussée pavée de 6 mètres de largeur avec des trottoirs en terre qui sont plantés. Il est pourvu d'un égout qui a une longueur de 150 mètres.

Le chemin de grande communication *n° 72* va d'Issy-les-Moulineaux à Châtillon. Il emprunte, dans son parcours, le territoire de notre commune sur une longueur de 300 mètres, entre la route de Clamart et le chemin de fer de Versailles. Sa largeur normale est de 15 mètres comprenant une chaussée empierrée de 6 mètres avec bordure de trottoirs et caniveaux pavés. Les trottoirs sont en terre et pourvus d'une plantation.

Chemins vicinaux ordinaires. — Le réseau des chemins vicinaux ordinaires, qui ne comprend que 3 voies, est détaillé dans le tableau ci-après :

NUMÉROS	DÉSIGNATION DES CHEMINS	LONGUEUR	ORIGINE	FIN	LARGEUR moyenne		CHAUSSÉE		ASSAINISSE-MENT
					TOTALE	CHAUSSÉE	NATURE	ÉTAT	
2	VOIE D'ARCUEIL (rue de la Gare)1	m. 250	Rue de Paris.	Chemin de fer de l'Ouest	m. 10	m. 6	Pavée	Bon	Égout
3	DE BAGNEUX A VANVES.......	310	R. des Vinai-griers......	id.	10	»	Terre.	»	Néant
4	DE CHATILLON A VANVES........	300	id.	id.	12	»	id.	»	id.
	TOTAL......	860							

Longueur totale à entretenir par la commune . .   250 mètres
Longueur à construire.   610   —
Total égal   860   —

Les dépenses d'entretien du réseau vicinal consistent principalement en travaux de main-d'œuvre exécutés par les cantonniers communaux. Cependant la commune a fait ces années dernières de grands sacrifices pour mettre en état la rue de la Gare (trottoirs, égouts, etc.).

Chemins ruraux. — Les chemins et sentiers ruraux, dont la longueur totale est de 1.935 mètres, sont à l'état de sol naturel. Leur entretien a très peu d'importance et il consiste principalement en travaux de main-d'œuvre exécutés par les cantonniers.

Voirie urbaine. — Toutes les rues de la commune comportent des chaussées pavées, sauf l'avenue du Progrès et les parties déclives de l'avenue Victor-Hugo et de la rue Jullien.

Toutes les rues sont pourvues de plans d'alignement régulièrement approuvés. Le pavage des chaussées, surtout dans les rues anciennes de Vanves, remontant à une époque déjà éloignée, demande beaucoup d'entretien.

Un réseau d'égouts communaux curés tous les 5 ans par la commune assure l'assainissement de ce vieux quartier.

Les égouts construits par le département assainissent la rue du

1. Le chemin n° 1 qui avait une longueur de 480 mètres a servi à former le chemin de grande communication n° 72, d'Issy à Châtillon.

Plateau, la rue Sadi-Carnot et une partie de la rue d'Issy. Les trottoirs et accotements, sauf dans quelques rues où ils sont pavés, sont généralement en terre. Cependant, depuis quelque temps, les trottoirs pavés remplacent de plus en plus les trottoirs en terre, car la commune encourage vivement les riverains à faire paver lesdits trottoirs et les aide dans la mesure du possible.

Voies particulières. — Ces voies, au nombre de dix, présentent une longueur de 1.365 mètres. Quelques-unes sont anciennes, mais le plus grand nombre et les plus importantes ont été récemment ouvertes dans les terrains du Plateau. Elles sont pour la plupart, sauf quelques-unes, parmi celles qui sont de création récente, et qui sont à l'état de sol naturel, dotées d'une viabilité sommaire établie avec de vieux matériaux.

A ces voies particulières, il faut ajouter le passage de l'Église.

Prestations. — L'impôt des prestations n'est plus perçu à Vanves.

Entretien des rues et des chemins ruraux. — L'entretien de ces voies a été donné à bail à un entrepreneur, pour une durée de trois ans, par adjudication du 1er février 1901. Le montant des travaux atteint 3.000 à 4.000 francs par an ; le rabais consenti est de 14 %.

Balayage et enlèvement des boues. — Le balayage est effectué par les riverains, chacun au droit de soi, dans les conditions prescrites par un arrêté en date du 1er février 1901.

Cet acte règle aussi les conditions d'enlèvement des boues. Celles-ci, déposées par les habitants dans des boîtes spéciales, sont enlevées tous les jours par un entrepreneur qui a un traité pour une durée de 3 ans à compter du 1er juin, moyennant un prix de 14.200 francs par an.

L'adjudication est du 25 mai 1899 ; elle a été approuvée le 5 juin suivant.

Droits de voirie et de stationnement. — Des droits de voirie sont perçus dans la commune depuis 1861. Le tarif actuellement en vigueur et que l'on trouvera aux Annexes porte cette date.

Cette perception produit environ 1.200 francs par an.

Jusqu'ici il n'a pas été perçu de droits de stationnement ; un tarif est actuellement en préparation.

Il n'y a sur le territoire de Vanves ni *port*, ni *canal*, ni *cours d'eau ;* à la limite Ouest, la ligne du chemin de fer de Versailles franchit la rue de Paris sur un pont métallique, dit pont de la Vallée, la rue de la Mairie sur un pont aussi en métal, dit pont de Montrouge, la rue des Vinaigriers, sur un pont en pierre, dit pont Montholon.

Égouts. — Les eaux sont dirigées vers le collecteur latéral à la Seine en traversant la commune d'Issy-les-Moulineaux.

L'égout établi sous le chemin de grande communication n° 50, qui vient de Malakoff, traverse la commune de Vanves sur 1.284 mètres de longueur. Cet égout qui sert d'artère principale vient déboucher dans celui de la route nationale n° 189, à Issy-les-Moulineaux, lequel se raccorde sur le grand collecteur latéral à la Seine (rive gauche).

Il reçoit : 1° L'égout de la route départementale n° 30 (rue de Paris), dont l'extrémité est située actuellement rue Barbès ; il a une longueur de 295 mètres. (Cet égout est en voie de prolongement jusqu'à la rue Lucien.)

2° L'égout départemental rue Sadi-Carnot, qui emprunte la rue du Plateau pour rejoindre la route départementale n° 30 qu'il suit jusqu'au pont de la Vallée (1.347 mètres), où il reçoit le deuxième réseau de Malakoff.

Au tournant de la rue du Plateau, cet égout reçoit un égout communal de 268 mètres, établi sous la rue Sadi-Carnot, dont l'origine, placée au chemin de grande communication n° 61 (rue du 4 Septembre), reçoit une canalisation de 53 mètres établie sous ledit chemin.

3° L'égout de la rue de la République (annexe du chemin 50), de 206 mètres de longueur, qui reçoit lui-même l'égout communal de la rue Normande (246 mètres), en prolongement duquel se trouve l'égout communal de la rue de la Gare (198 mètres).

A son extrémité, l'égout de la rue de la République reçoit l'égout communal de la rue des Chariots (171 mètres) et en tête un égout de 313 mètres servant encore à l'assainissement de la route départementale n° 30, qui emprunte une partie de la rue Falret, pour déboucher rue des Chariots.

4° L'égout place du Val et rue Gaudray (190 mètres), relié à celui du chemin de grande communication n° 71, dont il sera parlé au 5°, par un égout départemental de 307 mètres sous la rue d'Issy.

A l'extrémité de la rue Gaudray, se trouvent, d'un côté l'égout communal rue Vieille-Forge (162 mètres) dans lequel débouche l'égout communal rue Falret (161 mètres) et de l'autre l'égout rue J.-B. Potin (998 mètres), dont une partie située sur la commune d'Issy-les-Moulineaux est comptée sur la commune de Vanves. Ce dernier égout aboutit au Clos Montholon où il reçoit toutes les eaux de la commune de Clamart ; enfin, l'égout du chemin de grande communication nᵃ 72, de 127 mètres, a son extrémité de l'autre côté du Pont Montholon.

5° L'égout du chemin de grande communication n° 71 (route de Clamart), de 183 mètres de longueur, reçoit, à la hauteur de la rue de Vanves, une canalisation de 50 mètres placée sous le sol de cette voie ; puis l'égout départemental rue d'Issy le relie à celui de la place du Val et de la rue Gaudray auquel il sert de déversoir.

L'ensemble des égouts sur le territoire de Vanves représente une longueur totale de 6.456 mètres se décomposant comme suit :

Égouts départementaux sous routes départementales, chemins de grande communication et voies communales . . . . 5.060 mètres
Égouts communaux . . . . 1.396   —
Canalisations 103   —

Total . . . . 6.559   —

Le curage des égouts d'intérêt général est, en principe, à la charge de la commune, mais il est exécuté par le département qui ne recouvre, sur celle-ci, qu'une partie de la dépense.

En 1900, Vanves a eu à payer, pour cet objet, une somme de 1.431 francs.

Les égouts communaux ne sont pas curés par le département, à l'exception de celui qui est situé sous la place du Val et la rue Gaudray.

Distance de Paris.— La distance de Paris (parvis Notre-Dame) à Vanves est de 7 kilomètres.

Distance des communes du canton :

Châtillon est à 3 kilomètres 400 mètres.
Issy-les-Moulineaux est à 1 kilomètre 300 mètres.
Malakoff est à 1 kilomètre 700 mètres.
Clamart est à 3 kilomètres.

Moyens de transport.— La commune est desservie par le

chemin de fer de Paris à Versailles, rive gauche, qui a une station dite « Vanves-Malakoff », station ouverte seulement aux voyageurs : elle est la 2ᵉ sur cette ligne depuis la gare de départ (Montparnasse) ; la gare de marchandises est à la station suivante, à Clamart.

La durée du trajet de Paris-Montparnasse à Vanves est de 12 minutes.

Le prix des billets est de o fr. 45 en première classe et de o fr. 3o en seconde ; celui des billets d'aller et retour de o fr. 90 et o fr. 60.

Le premier départ pour Paris a lieu à 5 h. 32 le matin et pour Versailles à 6 heures ; le dernier départ a lieu, pour Paris, à 12 h. 14 et pour Versailles à 12 h. 49.

Le prix des abonnements ordinaires, entre Paris-Montparnasse et Vanves-Malakoff, est le suivant :

	POUR 1 MOIS		POUR 3 MOIS		POUR 6 MOIS		POUR 9 MOIS		POUR 1 AN	
	1ʳᵉ cl.	2ᵉ cl.	1ʳᵉ cl.	2ᵉ cl.	1ʳᵉ cl.	2ᵉ cl.	1ʳᵉ cl.	2ᵉ cl.	1ʳᵉ cl.	2ᵉ cl.
De Paris à Vanves-Malakoff..................	32	20	80	5o	100	60	145	84	175	100

Il existe aussi des abonnements spéciaux réservés aux ouvriers et ouvrières et payables à raison de 1 franc par semaine.

Le nombre des trains est de 29 par jour dans chaque sens.

Tramways. — Cinq lignes de tramways, à traction électrique par trolley aérien, desservent la commune ; ce sont les lignes :

1° De Vanves à Saint-Germain-des-Prés ; elle part de la place de la République à Vanves, suit la rue de ce nom, le boulevard du Lycée, la rue Ernest-Renan à Issy-les-Moulineaux et entre à Paris par la porte de Versailles ; dans Paris, elle suit les rues de Vaugirard, Croix-Nivert, Lecourbe, de Sèvres, le boulevard Montparnasse et la rue de Rennes ;

2° De Vanves à Saint-Philippe-du-Roule qui suit le même itinéraire que la ligne précédente hors Paris et dans Paris, les rues de Vaugirard, Croix-Nivert, Lecourbe, Cambronne, boulevard de Grenelle, Champ-de-Mars, École militaire, avenues La Motte-Picquet, Latour-Maubourg, pont des Invalides, avenue d'Antin ;

3° Celle de Clamart à Saint-Germain-des-Prés, qui entre à

Vanves par le Clos Montholon, suit la rue des Vinaigriers et la rue de la République où elle se raccorde à la ligne de Vanves à Saint-Germain-des-Prés, qu'elle suit jusqu'au terminus par les rues de Vaugirard, Croix-Nivert, Lecourbe, de Sèvres, boulevard Montparnasse, gare Montparnasse, rue de Rennes et place Saint-Germain-des-Prés;

4° Celle de Vanves au Champ-de-Mars, qui part de la place du Val, monte la rue de la Mairie et suit la rue de Paris jusqu'à la porte Brancion, et dans Paris, les rues Brancion, des Morillons, Castagnary, Labrouste, des Fourneaux, les boulevards Pasteur et Garibaldi, les avenues de Ségur et Duquesne ;

5° Enfin celle de Boulogne à Gentilly qui pénètre sur le territoire de Vanves par le boulevard du Lycée, monte la rue de la Mairie, passe sous le pont du chemin de fer de Versailles et se continue à travers Malakoff, Montrouge et Gentilly. Son terminus actuel se trouve près de la ligne du chemin de fer de Paris à Limours, qu'elle ne franchit pas encore; mais elle se prolongera ultérieurement jusqu'à Vincennes.

Sur les quatre premières lignes, les voitures passent à 20 minutes d'intervalle, sauf le soir où un départ sur deux est supprimé. Le prix des places est de 0 fr. 20 pour la 1re classe et de 0 fr. 10 pour la 2e classe par section de parcours. Sur le territoire de la commune, la section part de la place du Val et va jusqu'à la route d'Orléans à Montrouge.

Les premiers départs ont lieu à 5 heures et demie et 7 heures du matin et les derniers à 11 heures et demie et minuit.

Les voitures ont 40 places et la traversée de Vanves demande environ 10 minutes.

Le tableau ci-après donne un certain nombre de renseignements complémentaires relatifs aux lignes de tramways :

PRIX DES PLACES		Vanves à Saint-Germain-des-Prés	Vanves à Saint-Philippe-du-Roule	Vanves à Clamart	Vanves au Champ-de-Mars
De Vanves aux fortifications.......	1re classe...	o fr. 10	o fr. 10	»	o fr. 10
	2e classe....	o fr. o5	o fr. o5	»	o fr. o5
Dans Paris	1re classe...	o fr. 15	o fr. 15	»	o fr. 15
	2e classe ...	o fr. 10	o fr. 10	»	o fr. 10
De Vanves à Paris...............	1re classe...	o fr. 25	o fr. 25	»	o fr. 25
	2e classe ...	o fr. 15	o fr. 15	»	o fr. 15
De Vanves à Clamart-Gare	1re classe...	»	»	o fr. 10	»
	2e classe ...	»	»	o fr. o5	»
De Vanves à Clamart-Mairie	1re classe...	»	»	o fr. 20	»
	2e classe ...	»	»	o fr. 10	»
Durée du trajet....................		3o minutes	3o minutes	10 minutes	20 minutes
Nombre de places par voiture..................		64 places	64 places	64 places	40 places
Fréquence des voitures toutes les.................. (A partir de 9 heures du soir un départ sur deux est supprimé.)		7 minutes	15 minutes	15 minutes	15 minutes
Premiers départs		5 h. 3o	5 h. 40	6 h. 5o	5 h. 3o
Derniers départs...................		11 h. 20	11 h. 10	12 h. 20	11 h. 3o
Premières arrivées...................		6 h. 3o	6 h. 40	5 h. 5o	6 h. 3o
Dernières arrivées...................		12 h. 20	12 h. 10	11 h. 20	12 h. 3o

Éclairage. — Vanves est éclairé au gaz; les conditions de fourniture ont été réglées par un traité passé entre la commune et la Compagnie parisienne du gaz, à la date du 1er mars 1864, et qui doit prendre fin le 31 décembre 1905.

Aux termes de cet acte, la commune concède à la Compagnie le droit exclusif de conserver et d'établir des tuyaux pour la conduite du gaz d'éclairage et de chauffage sous les voies publiques, et règle les conditions auxquelles sera fourni le gaz pour l'éclairage public et privé ainsi que pour le chauffage.

L'éclairage public comprend celui de toutes les voies publiques existantes lors de la signature de l'acte et celles à créer ainsi que celui de tous les établissements municipaux et militaires désignés par l'autorité administrative. Le prix du gaz consommé pour cet éclairage est fixé à o fr. 18 le mètre cube pour les consommations constatées au moyen du compteur. Pour l'éclairage à l'heure, le prix est calculé d'après la série des becs employés et la durée de l'éclairage, conformément à des données inscrites au traité.

Les heures d'allumage et d'extinction des becs sont déterminées par le maire. Tout ce qui est relatif aux agents et au matériel, ainsi qu'à l'exécution des travaux, est réglé d'après les bases prévues au contrat.

En ce qui concerne l'éclairage particulier, la Compagnie n'est tenue de fournir le gaz qu'autant qu'il a été contracté un abonnement de trois mois au moins, d'après une police d'un modèle déterminé et pourvu que le payement du gaz consommé ait lieu par mois, d'avance, à raison de 7 francs par brûleur. Le gaz est fourni aux abonnés, soit au compteur, soit au bec et à l'heure. Daus le premier cas, le prix est fixé à o fr. 35 pour toute la durée de la concession. Quant au prix de vente du gaz livré à l'heure, il est débattu de gré à gré entre la Compagnie et ses abonnés.

En ce qui concerne l'application du gaz au chauffage, la Compagnie est tenue de se conformer aux mesures qui lui sont prescrites par l'administration municipale, sous la réserve qu'elle ne doit fournir du gaz pour cet usage, pendant le jour, qu'autant que les quantités réclamées à cet effet équivalent au minimum au tiers de celui employé à l'éclairage public et privé.

Enfin, un article contient la disposition suivante: A l'expiration du traité, c'est-à-dire le 31 décembre 1905, la commune de Vanves deviendra propriétaire de plein droit et entrera de suite en possession des tuyaux, robinets, siphons, valves, regards et autres accessoires qui existeront alors sous la voie publique.

Le nombre des appareils éclairants qui existent actuellement sur la voie publique est de 131. La consommation par mètre courant de conduite a atteint, en 1898, 26 m. c. 949.

Enfin, en 1900, la commune a dépensé, pour l'éclairage au gaz, 12.500 francs et 214 fr. 70 pour l'entretien des appareils.

Un traité pour l'éclairage au pétrole a été passé, à la date du 1er mars 1893, avec la Société générale d'éclairage des villes et communes.

Le prix est fixé à o fr. o3 par heure et par bec. La dépense s'est élevée en 1900 à 3.320 fr. 96.

Le nombre des appareils est de 43.

Eaux. — La commune a traité, pour son alimentation en eau, avec la Compagnie générale des eaux, aux termes d'un traité en date du 22 janvier 1869 qui doit prendre fin le 22 janvier 1919.

Le tarif des abonnements a été fixé, par cet acte, aux prix ci-après :

Pour 250 litres par jour, 70 francs par an, soit o fr. 77 par mètre cube
—   500   —   100   —   o fr. 54   —
—   1000   —   160   —   o fr. 44   —
Au-dessus de 1.000 litres par jour, 80 francs les 500 litres, soit o fr. 43 par mètre cube.

Au delà de 500 litres il n'est pas admis d'augmentation pour des quantités inférieures à 500 litres.

Pour toute fourniture supérieure à 10.000 litres, la Compagnie traite de gré à gré sans qu'en aucun cas le prix du mètre cube puisse être inférieur à 80 francs.

Au 1er janvier 1899, le nombre des abonnements était de 360.

La commune reçoit gratuitement 2.000 litres d'eau par jour pour l'alimentation de la mairie et des écoles et 8.000 litres pour les bouches de lavage au nombre de 4; malgré cela, la dépense qui figure au compte de 1900 pour abonnement aux eaux s'élève à 5.493 fr. 04. Il existe 18 bornes-fontaines et 12 bouches d'incendie.

Cinq bornes-fontaines sont alimentées par des sources captées, l'une sur le territoire de la commune, l'autre sur celui de la commune de Châtillon. La première alimente une borne-fontaine située rue des Chariots ; la seconde alimente la piscine et le bassin du lycée et 4 autres fontaines situées rue de la Vieille-Forge, place du Val, route de Clamart et place de la République.

Le débit total de ces fontaines peut être évalué à 85 mètres cubes par jour.

§IV. — JUSTICE ET POLICE

Justice de paix. — La commune de Vanves dépend de la justice de paix de Sceaux.

Les audiences de conciliation sur lettre ont lieu à la mairie d'Issy-les-Moulineaux, les 1er et 3e mercredis du mois, pour les communes d'Issy, Clamart et Vanves.

Les audiences de conciliation sur citations ont lieu à Sceaux, le vendredi, à 10 heures du matin, pour toutes les communes des cantons de Sceaux et de Vanves.

Il en est de même des audiences de simple police qui ont lieu les 1er et 3e vendredis, à 1 heure.

Quant aux audiences de compétence, elles ont lieu à Vanves, à l'ancienne mairie, le mardi, à 1 heure, pour les communes de Vanves, Issy-les-Moulineaux, Malakoff et Châtillon.

Une somme de 5o8 francs figure au compte de 1900 pour les frais d'audience et 162 francs pour les frais de conciliation qui ont lieu à Issy-les-Moulineaux.

Officier ministériel. — Il y a, à Vanves, un seul officier ministériel, un huissier.

En ce qui concerne les notaires, l'article 3 de la loi du 12 avril 1893, portant augmentation du nombre des circonscriptions cantonales des arrondissements de Saint-Denis et de Sceaux, dispose que ces officiers continueront d'exercer leurs fonctions dans toute la circonscription de la justice de paix. En conséquence, ce sont les notaires de Sceaux et de Montrouge qui instrumentent à Vanves.

La commune dépend du 3e bureau des hypothèques de la Seine.

Le bureau de l'enregistrement est situé à Sceaux, rue des Imbergères.

Commissariat et agents de police. — La commune est le siège d'un commissariat de police qui est installé rue Kléber, n° 2. Il comprend 1 commissaire de police, 1 secrétaire, 1 brigadier et 24 sergents de ville.

Aux termes d'un décret en date du 16 février 1892, relatif à l'organisation des commissariats de police du département de la Seine (Paris excepté), celui de Vanves a dans sa circonscription les communes de Clamart, Issy-les-Moulineaux et Malakoff.

La proportion dans laquelle chaque commune contribue aux dépenses de police est fixée par le Préfet du département de la Seine, en Conseil de préfecture, en exécution de l'article 3 de la loi du 10 juin 1853.

Enfin, d'après l'article 3 de la loi du 30 décembre 1873, les dépenses de police doivent être prélevées sur les recettes attribuées à chaque commune sur les produits de l'octroi de banlieue.

La somme perçue de ce chef, en 1900, par la commune de Vanves, s'est élevée à 10.436 francs et ses dépenses à 10.683 francs.

Gendarmerie. — Une brigade à pied, chargée uniquement de la surveillance de la commune, a son casernement rue de Paris, n° 28.

Garde champêtre. — Il y a dans la commune un garde champêtre et un appariteur, tous deux assermentés.

Messiers. — Il n'y a pas de messiers à Vanves.

§ V. — CULTES

Paroisse. — Vanves constitue une succursale dont le desservant reçoit un traitement annuel de 900 francs.

Il est assisté de deux vicaires dont le traitement figure au compte de la fabrique reproduit ci-dessous.

Budget de la fabrique. — Conformément à l'article 3 du décret du 30 décembre 1809, le chiffre de la population étant supérieur à 5.000 habitants, le Conseil de fabrique est composé de 9 membres.

Voici le compte de cet établissement pour 1900 :

RECETTES

Produits des rentes avec ou sans fondations. . . .	1.339 »
Produit total de la location des chaises	3.192,90
Produit des quêtes faites pour les frais du culte . .	1.789,30
Part revenant à la fabrique dans les droits perçus sur les services religieux. mariages .	747,50
convois . .	1.426 »
Produit des frais d'inhumation. Monopoles ou remises des pompes funèbres	6.411,15
Produit de la cire revenant à la fabrique	1.171,50
Excédent de recettes de l'exercice 1899.	4.002,70
Total	20.080,05

DÉPENSES

Objets de consommation pour les frais ordinaires du culte.	973,29
Frais d'entretien des objets et du mobilier nécessaires au service du culte	1.014,47
A reporter.	1.987,76

Report	1.987,76
Maîtrise	3.646 »
Entretien de l'église et du presbytère	1.942,05
Traitement des vicaires	4.441,35
Logement du desservant.	2.400 »
Charges des fondations	809 »
Charges des biens.	117,97
Frais d'administration.	550,20
Honoraires des prédicateurs.	340 »
Traitement du comptable	200 »
Dixième du produit de la location des chaises. . .	285,95
Dépenses imprévues.	84,65
Total	16.804,93
Soit un excédent de recettes de	3.275,12

Fondations. — Par son testament olographe en date du 12 décembre 1874, M. l'abbé Cauvin (Jacques-Jean-Baptiste) a légué, pour fondation de messes et célébration d'offices religieux, une rente de 500 francs. L'autorisation d'accepter a été donnée par décret du 14 août 1877.

Par convention notariée du 2 août 1877, M. Mauban (Georges-Henri) a donné, pour une messe annoncée au prône à l'intention des soldats tués en 1870-71, 10 francs de rente 3 %. L'autorisation résulte d'un décret du 15 février 1878.

Mme Bleuse (Louise-Reine) a légué, par son testament en date du 13 mai 1878, une somme de 2.105 francs pour 12 messes, la recommandation au prône et l'entretien de sa tombe.

Le décret qui a autorisé l'acceptation est du 10 juillet 1879.

Mme Louise-Madeleine-Adélaïde Boscher, veuve de Louis-Victor Ribou, a légué, pour fonder 52 messes, 300 francs de rente, aux termes de son testament olographe en date du 26 octobre 1887. L'acceptation de ce legs a été autorisée par décret du 12 août 1892.

M. Baudet (Augustin-Firmin) a légué pour services religieux, aux termes de son testament en date du 29 avril 1887, une somme de 2.700 francs en argent. L'autorisation d'accepter a été donnée par décret du 10 juillet 1895.

Louis-Marie Larmeroux a légué à la fabrique, aux termes de son testament en date du 19 avril 1894 : 1° une somme de 1.000 fr. une fois payée, sans affectation spéciale ; 2° 500 francs de rente pour dire deux messes par semaine et pour une recommandation au prône ; 3⁰ une somme de 5oo francs, une fois payée, pour acheter un christ destiné à remplacer celui qui se trouvait au-dessous de la chaire. La fabrique est en instance d'approbation.

Congrégations. — Trois sœurs de la Providence tiennent une crèche privée, située à l'angle de la rue de la Mairie et de la rue de Paris dont il sera parlé p. 91.

En outre, les sœurs franciscaines missionnaires de Paris occupent une propriété, route de Clamart, n° 14, dans laquelle elles exploitent une imprimerie typographique avec presse mécanique. Ces sœurs, qui, lors du dernier recensement, étaient au nombre de 71, font d'importants travaux d'impression.

VI. — SERVICES DIVERS

Poste, télégraphe, téléphone. — Le bureau de poste qui comprend, en outre, les services télégraphique et téléphonique, est installé dans les locaux de l'ancienne mairie. Il constitue un bureau de l'État dans les dépenses duquel la commune n'intervient que pour payer certains frais peu importants, tels que le porteur de dépêches auquel elle a alloué, en 1900, 923 fr. 80. Elle loue d'ailleurs à l'État le local occupé par les divers services de la poste, moyennant une somme de 1.200 francs par an, aux termes d'un acte en date du 28 juillet 1898, approuvé le 12 juin suivant ; la durée du bail, qui a commencé le 1ᵉʳ juillet 1898, est de 12 ans.

Le service téléphonique fonctionne depuis 1898. A cette date, la commune a eu à faire face aux premières dépenses d'installation qui se sont élevées à 5.000 francs. Cette somme doit lui être remboursée sur le produit des taxes de conversation. C'est ainsi qu'elle a reçu, en 1900, 1.109 francs.

Le bureau de poste, dont le service est assuré par 4 employés, 5 facteurs et un facteur boîtier, est ouvert tous les jours de 7 heures du matin à 9 heures du soir en été, c'est-à-dire du 1ᵉʳ mars au 31 octobre, et à partir de 8 heures du matin en hiver, c'est-à-dire du mois de novembre à fin février. Pour l'ouverture du bureau jusqu'à 9 heures du soir, la commune paye au receveur des postes une indemnité de 400 francs par an.

On fait 5 levées et 4 distributions ; 7 boîtes aux lettres, non compris celle du bureau de poste, sont placées aux adresses

suivantes : rue Gaudray, n° 12 ; rue Louis-Blanc, n° 1 ; rue de
Paris, n° 140 ; rue des Chariots, n° 14 ; avenue Victor-Hugo, n° 83 ;
place Victor-Hugo et rue d'Issy, n° 9.

Caisse d'épargne postale. — Voici le résumé des opérations
effectuées en 1900, à Vanves, par la Caisse nationale d'épargne
postale :

206 livrets nouveaux ont été délivrés, représentant une somme
de 37.872 fr. 50 ;

1.621 versements effectués sur des livrets pris antérieurement
pour une somme de 146.881 fr. 82 ;

Le nombre des remboursements a été de 501, représentant une
somme de 105.256 fr. 63.

Caisse d'épargne de Paris. — La Caisse d'épargne de Paris a
établi, à Vanves, une succursale depuis le 18 juillet 1880.

Depuis cette date, il a été versé à ce bureau 1.951.206 francs
en 20.413 dépôts et 2.893 livrets nouveaux.

En 1900, cette succursale a délivré 52 livrets nouveaux ; elle a
reçu 688 dépôts représentant 83.985 francs.

Depuis l'ouverture, 2.597 remboursements ont été effectués,
portant sur une somme de 628.584 fr. 39. En 1900, ces opérations,
au nombre de 168, ont porté sur un chiffre de de 44.089 fr. 34.

Sapeurs-pompiers. — La subdivision des sapeurs-pompiers de
Vanves comprend 51 hommes dont 1 capitaine, 1 lieutenant et
1 sous-lieutenant.

Voici les sommes dépensées en 1900 pour les sapeurs-pompiers :

Solde des tambours et clairons	200 »
Assurance ou secours et pension en faveur des sapeurs-pompiers blessés, de leurs veuves ou de leurs enfants	500 »
Habillement et équipement	892,25
Frais de registres, livrets, papiers	5 »
Frais de déplacement, indemnités ou gratifications	250 »
Remise des pompes, loyer, entretien	100 »
Entretien des pompes et accessoires	180 »
Subvention à la Caisse de secours des sapeurs-pompiers	400 »
Indemnité aux pompiers en cas de sinistre	177 »

La commune n'a contracté aucune assurance au profit des
sapeurs-pompiers, de sorte qu'antérieurement à la loi du

13 avril 1898 elle assumait seule toute la responsabilité des accidents qui pouvaient arriver à ses pompiers. On sait que cette loi a établi un impôt de 6 francs par million de valeurs assurées, que le produit de cet impôt est réparti entre les communes qui ont un corps de sapeurs-pompiers ; c'est ainsi qu'en 1900, Vanves a reçu une somme de 217 francs. Cette allocation doit être employée à contracter une assurance à la Caisse nationale d'assurance contre les accidents, en vue de l'attribution de pensions aux sapeurs-pompiers, en cas de blessures ou d'accidents graves entraînant l'incapacité permanente de travail, à leurs veuves et orphelins mineurs en cas de décès par suite d'accidents en service.

Le surplus de la subvention est employé à donner des secours pour soins médicaux et interruption de travail par suite d'accidents en service ; à donner des secours annuels renouvelables aux pompiers ayant au moins vingt-cinq ans de service et soixante-cinq ans d'âge ; à l'achat et à l'entretien du matériel d'incendie.

Depuis cette législation, l'incapacité temporaire de travail, l'incapacité relative et les soins médicaux et pharmaceutiques ainsi que les frais funéraires sont seuls à la charge des communes. La commune de Vanves n'a pas jugé à propos de se couvrir par une assurance. La somme de 50 francs qui figure au compte a été consacrée à donner un secours.

Chaque sapeur qui a assisté à un sinistre est payé à raison de o fr. 75 l'heure ce qui a donné lieu, en 1900, à une dépense de 177 francs qui figure sous la rubrique « Indemnité aux pompiers en cas de sinistre ».

Une Société de membres honoraires a été fondée en 1884, sous le titre de Société des Sapeurs-Pompiers de Vanves. Elle reçoit chaque année sur le budget municipal une somme de 250 francs, ainsi libellée : « frais de déplacement, indemnité ou gratifications ».

La situation financière ci-après explique suffisamment le but et le fonctionnement de cette Société.

Situation financière au 1er février 1901 :

RECETTES

Cotisations	1.555,50
Remboursements :	
1° D'avances pour services faits.	343,50
A reporter	1.899 »

Report	1.899 »
2° Des membres honoraires pour frais divers dans les concours.	32,40
3° D'un secours (avancé).	5o »
Sainte-Barbe	1.063,3o
Don	100 »
Subvention de 1899.	250 »
— 1900	250 »
Coupons	36 »
Total des recettes	3.680,70
Il y avait en caisse au 1er février 1900.	3.115,96
Soit	6.796,66
Les dépenses se sont élevées à.	3.234,26
En caisse au 1er février 1901	3.562,40

DÉPENSES

Pharmaciens et médecins	224,46
Secours	5o »
Couronnes mortuaires	20 »
Fournitures pour nettoyage du matériel.	12,95
Impressions.	76 »
Papeterie, journaux, etc.	19,50
Médailles et diplômes.	5o,3o
Secours divers.	40 »
Indemnité pour divers services faits.	72 »
Concours	289,90
Remise au receveur des cotisations	155,55
Rafraîchissements à la suite des manœuvres, incendies et autres services	67,75
Offrande en faveur de sapeurs-pompiers grièvement blessés dans un incendie (Montreuil-sous-Bois) .	20 »
Don offert par la Société aux enfants des sapeurs-pompiers venus au monde en 1900 (5 à 25 fr.) .	125 »
Sainte-Barbe	2.004,60
Timbres-quittance, timbres-poste, etc.	6,25
Total des dépenses.	3.234,26

Composition de la caisse :

Obligations	1.699 »
Caisse d'épargne.	1.600 »
Trésorier	263,40
Somme égale.	3.562,40

Il existe enfin une Caisse de secours à laquelle la commune donne chaque année une subvention de 400 francs et le département 25o francs. Cette Caisse qui a, à l'heure actuelle, 357 francs de rente, a été créée par délibération du Conseil municipal du 28 mars 1885 approuvée par décret du 11 février 1887. Cet acte prononçait la dissolution d'une Caisse qui avait été constituée dans l'ancienne commune de Vanves, par décret du 26 février 1879, autorisait la création, dans chacune des communes de Vanves et de Malakoff, d'une nouvelle Caisse et décidait que l'actif de l'ancienne serait partagé entre les deux nouvelles, proportionnellement à la population municipale existant dans chacune des communes de Vanves et de Malakoff, au moment de la création de cette dernière.

La somme nette à partager s'élevait à 1.206 fr. 28, plus un titre de rente sur l'État de 90 francs, acquis en 1883. Le partage eut lieu d'après les bases indiquées par le décret précité ; Malakoff reçut les 3/5 et Vanves les 2/5 de l'actif.

Aux termes du règlement annexé au décret qui constituait cette Caisse, la commune doit inscrire, chaque année, à son budget une somme de 400 francs, au profit de la Caisse, jusqu'à ce que celle-ci possède un revenu d'au moins 1.000 francs. Ont droit à un secours ou à une pension sur cette Caisse, les sapeurs-pompiers qui ont reçu des blessures ou contracté une maladie entraînant une incapacité de travail temporaire ou permanente ; en cas de décès, les veuves et les enfants succèdent à ce droit.

En ce qui concerne les pensions, leur taux est fixé à 15o francs par an pour 25 ans de services et 200 francs après 3o ans. Elles sont accordées par délibération du Conseil municipal sur la proposition du Conseil d'administration du corps, après approbation du Préfet et jusqu'à concurrence des revenus disponibles de la Caisse.

Son actif, déposé à la Caisse nationale des dépôts et consignations et géré par cette Caisse, est constitué en majeure partie par des subventions qu'allouent le Conseil municipal de Vanves et le Conseil général de la Seine ; le surplus de ses ressources provient des intérêts que produisent ces sommes. Celles-ci sont, en effet, employées en achat de rentes sur l'État français.

Au 1er janvier dernier, cette Caisse possédait un revenu annuel de 357 francs.

La subvention allouée en 1901, par le Conseil général, s'est élevée à 25o francs.

Le matériel d'incendie est remisé en partie à l'école de filles, rue Normande, et en partie dans un local sis rue Rabelais et que la commune prend en location moyennant un loyer annuel de 100 francs. Il comprend notamment 3 pompes aspirantes et foulantes, 1 appareil à feu de cave et 2 dévidoirs.

Marché. — Un marché aux comestibles qui se tenait, antérieurement à 1896, sur la place de la République, est, depuis cette date, installé près de la mairie sous abri fixe, ainsi qu'il a été dit p. 41. Il est ouvert les mardis, jeudis et dimanches de chaque semaine, à 7 heures du matin d'avril à septembre, et à 8 heures d'octobre à mars, jusqu'à 3 heures de l'après-midi.

Ce marché est exploité par la commune, qui charge de la perception des droits un employé d'octroi à qui elle alloue 150 francs par an ; un contrôleur reçoit 200 francs par an.

Les places sont louées, soit au mois et par abonnement, soit à la journée. Les premières sont considérées comme places fixes et ne peuvent être occupées que par le locataire ; les autres sont considérées comme places banales et sont à la disposition du premier occupant. La perception des droits a lieu d'après le tarif ci-après, approuvé par arrêté du 7 février 1896 :

TARIF DES PLACES

Location d'une place de 2 mètres de façade sur 2 mètres de profondeur, à couvert . . . . o fr. 60
Location d'une place, aux abords du marché, non couverte, le mètre linéaire . . . . o fr. 15

TARIF DU MATÉRIEL

Location d'un billot, d'un siège ou d'un tréteau. o fr. o5
Location d'une planche, d'une barre ou d'un poteau o fr. 10
Location d'une table et 2 tréteaux . . . . o fr. 20

TARIF DU STATIONNEMENT

Pour une voiture à bras. . . . . o fr. 10
Pour une autre voiture, attelée ou non. . . . . o fr. 20

Toutes les voitures amenant des marchandises au marché doivent le droit de stationnement, sauf les voitures des marchands de Vanves, lorsqu'elles sont emmenées immédiatement après leur déchargement.

Pour chaque place louée sur le marché, tout le matériel servant à l'exposition des marchandises mises en vente est fourni en location par l'administration.

Dans l'arrêté, en date du 15 mars 1896, portant règlement du marché, on lit un article ainsi conçu :

« Il est défendu aux marchands de se servir de dénominations telles que livre, sou, boisseau et toutes autres, contraires au système décimal, pour indiquer, au moyen d'étiquettes ou verbalement, le prix ou la quantité de leurs marchandises. »

Voici la statistique des marchandises introduites sur ce marché, et le nombre des marchands qui l'ont fréquenté au cours de 1900 :

Nombre de marchands	Poissons	Volailles et gibiers	Viande	Beurre œufs fromages	Fruits et légumes	Objets divers
	kilogr.	kilogr.	kilogr.	kilogr.	kilogr.	kilogr.
30	1.200	14.000	80.000	17.000	47.000	10.000

Pompes funèbres. — Des délibérations du Conseil municipal et de la fabrique de l'église de Vanves, en date des 14 janvier 1899 et 22 avril 1900, ont fixé les conditions dans lesquelles fonctionnera, après approbation du Préfet, le service des pompes funèbres dans la commune.

La délibération précitée du Conseil municipal décide que le transport des corps des personnes âgées de plus de 7 ans continuera à être exécuté par corbillard attelé de deux chevaux noirs et que, pour les enfants au-dessous de cet âge, il sera fait emploi d'un petit brancard.

Elle fixe à 22 francs la taxe du service ordinaire pour les adultes et à 12 francs pour les enfants; elle établit 7 classes pour les premiers, en service extraordinaire, et 4 classes pour les seconds. La taxe varie de 28 francs en 7e classe à 52 francs en 1re classe et de 15 francs en 4e classe à 24 francs en 1re classe. Le salaire de l'ordonnateur entre pour 4 francs dans ces sommes, celui des

4 porteurs pour 4 francs chacun; dans les convois d'enfants, on ne prévoit que 2 porteurs, mais le salaire des porteurs supplémentaires, s'il en est requis, est fixé à 4 francs chacun; le porteur d'ordres figure pour 2 francs, enfin le surplus de la taxe qui est de 3o francs dans les 3 premières classes d'adultes, de 25 francs en 4ᵉ classe, de 20 en 5ᵉ, de 13 en 6ᵉ, de 6 en 7ᵉ; pour les enfants, de 10, 7, 5 et 3 francs, selon les classes, constitue ce que la délibération comprend sous le nom de « sommes réservées ». Elles sont destinées à couvrir les dépenses qu'entraînent le transport et l'inhumation des indigents, c'est-à-dire le salaire de l'ordonnateur et des porteurs, 5 francs pour le corbillard, 4 francs ou 2 francs pour la fosse, selon qu'il s'agit d'un adulte ou d'un enfant.

On doit établir, en fin d'année, un décompte du produit de la taxe. Si le montant de celle-ci excède le total des dépenses pour les inhumations d'indigents, calculées sur les bases qui viennent d'être indiquées, l'excédent doit être distribué à l'ordonnateur et aux porteurs, proportionnellement aux sommes déjà reçues par eux. Dans le cas contraire, le déficit doit être supporté par la fabrique qui a le droit de réclamer au Conseil municipal la revision de la taxe. De son côté, la municipalité a toujours le droit de la modifier, si elle était trop élevée.

La même délibération décide que l'ordonnateur et les porteurs seront nommés par le maire et agréés par la fabrique.

Elle met à la charge de la fabrique : 1⁰ les fournitures et l'entretien des costumes de deuil de l'ordonnateur et des porteurs; 2⁰ les frais de transmission des ordres dans la localité et au dehors, pour le service ordinaire et l'inhumation des indigents; 3⁰ la fourniture d'estampilles en plomb pour bières et cercueils, portant l'année et le numéro d'enregistrement du décès.

Elle lui impose également l'obligation d'avoir, dans la commune, un magasin de bières et cercueils suffisamment approvisionné pour parer à toutes les éventualités.

De son côté, la fabrique, dans sa séance du 22 avril 1900, a donné un avis favorable à la délibération du Conseil municipal et a adopté un projet de traité avec la Société des Pompes funèbres générales qui a son siège à Paris, boulevard Richard-Lenoir, n⁰ 66.

Aux termes de cet acte, la fabrique cède à la Société le service des pompes funèbres dans la paroisse de Vanves, le privilège qu'elle tient des décrets de l'an XII et de 1806, à l'exclusion des fournitures ci-après : devant d'autel, croix de fond, catafalque ordinaire pour les services anniversaires, cire et tout le luminaire de l'église dont elle se réserve la fourniture.

Le concessionnaire assume la charge de l'inhumation des indigents et les fournitures et frais qui, aux termes de la délibération du Conseil municipal, devaient être supportés par la fabrique.

Elle s'engage en outre à faire toutes les fournitures demandées par les familles, aux prix fixés par un tarif annexé au contrat, à avoir à Vanves un préposé comptable rétribué par elle, à aider gratuitement la fabrique de son concours pour la commémoration des morts, à faire gratuitement les fournitures, sauf le cercueil, des ecclésiastiques attachés à la paroisse de Vanves et qui viendraient à y décéder.

Le partage des bénéfices entre l'entrepreneur et la fabrique a lieu dans les conditions suivantes : le concessionnaire prélève, avant tout partage, le produit de la taxe, le prix des bières en volige comme compensation de la fourniture gratuite des bières aux indigents, le prix des transports hors de la commune qui ne sont pas monopolisés, enfin le prix des voitures vernies, spécialement destinées au ministre du culte pour le conduire au cimetière.

Ces prélèvements faits, la Société paye à la fabrique :

50 % sur les fournitures en location, sauf les berlines de deuil ;

60 % sur les fournitures pour services anniversaires ;

20 % sur les cercueils et fournitures réelles qui restent la propriété des familles ;

15 % sur les berlines de deuil faisant cortège ;

5 % sur les omnibus funéraires.

. Ce bail est fait pour 3 ans, commençant à courir le 1er juillet 1900 ; il a été signé le 22 avril de la même année ; il est actuellement soumis à l'approbation préfectorale.

On a vu, au compte de la fabrique, que le monopole des pompes funèbres avait produit en 1899-1900 : 6.411 fr. 15.

Les fosses sont creusées par un cantonnier qui est nommé par le maire et qui reçoit 1.400 francs par an.

En ce qui concerne le service religieux, il n'existe pas dans le diocèse de tarif approuvé autre que celui de Paris qui est appliqué avec des variantes, selon les paroisses.

Bureaux de tabac. — Il existe à Vanves quatre bureaux de tabac, situés : rue de la République, n° 20 ; rue Louis-Blanc, n° 1 ; rue de la Gare, n° 22 ; rue de Paris, n° 147.

Bibliothèque municipale. — La bibliothèque municipale a été fondée par délibération du Conseil municipal, en date du 1er décembre 1884.

Elle est installée à la mairie et ouverte, les lundis, mercredis et dimanches, de 8 heures à 10 heures du matin, et le jeudi de 8 heures à 10 heures du soir. Les fonctions de bibliothécaire sont remplies par le personnel de la mairie.

La bibliothèque contient 3.419 volumes, et 695 lecteurs sont inscrits.

En 1900, il a été prêté 7.776 volumes se décomposant ainsi :

Sciences Arts et Enseignement	Histoire	Géographie et Voyages	Agriculture et Industrie	Littérature Poésie Théâtre	Romans	Bibliothèque enfantine	Total des prêts
179	637	1.615	106	1.851	3.032	356	7.776

Archives. — Les archives contiennent les registres paroissiaux depuis 1660 jusqu'à la Révolution, sans lacune ;

Les registres de l'état civil depuis 1792 ;

Les registres des délibérations du Conseil municipal depuis le 25 février 1790, avec lacune de 1793 à 1807.

§ VII. — PERSONNEL COMMUNAL

NOMBRE	EMPLOI	TRAITEMENT
2	Médecins de l'état civil........................ chaque	250 francs
1	— du Bureau de bienfaisance....................	400 —
1	Secrétaire	3.200 —
1	— adjoint......................................	2.700 —
1	Employé...	1.800 —
1	Employé	400 —
1	Concierge	1.500 —
1	Receveur municipal......................................	2.424 fr. 20
1	Architecte............................... sur les travaux	5 o/o
1	Voyer communal	250 —
6	Cantonniers .... chaque	1.380 —
1	Paveur	1.800 —
1	Aide-paveur (à o fr. 50 de l'heure) .... environ	1.500 —
1	Préposé d'octroi	2.200 —
1	Brigadier..	1.600 —
1	Surveillant..	1.300 —
2	—	1.200 —
1	Receveur d'octroi	1.100 —
1	—	800 —
1	—	700 —
1	—	600 —
1	—	375 —
1	—	au prorata
1	Garde champêtre..	1.300 —
1	Appariteur	1.300 —
1	Gardien du cimetière, conservateur	1.400 —
1	Fossoyeur-cantonnier......................................	1.400 —
1	Femme de service. École maternelle	900 —
2	— Écoles garçons et filles.........chaque	360 —
1	Gardien de square..	240 —
1	Porteur de dépêches....................... par dépêche	o fr. 10

III.— RENSEIGNEMENTS DIVERS

Fêtes locales. — Deux fêtes communales ont lieu à Vanves, l'une au printemps, l'autre à l'automne. La première, qu'on célèbre fin juin, dure trois dimanches et se tient place Gambetta ; la seconde, qui a lieu fin septembre, a la même durée et se tient place de la République et boulevard du Lycée.

Il n'y a pas de *Foires,* ni de *Courses de chevaux.*

Principales industries. — La principale industrie de Vanves est actuellement la blanchisserie.

D'après Sauval, « autrefois il existait à Vanves, par suite des nombreuses fontaines qui arrosaient son territoire, de célèbres pâturages, et l'on y faisait, en petite quantité il est vrai, le beurre le plus excellent qu'il soit au monde ».

D'après le document reproduit p. 11, au moyen âge, on cultivait la vigne à Vanves et en 1789, d'après le cahier des doléances de la commune (voir p. 13), il y avait encore 250 arpents de vignes.

Déjà, à cette époque, les gras pâturages ont disparu ; il en est de même aujourd'hui des vignes. Mais une industrie qui est à l'heure actuelle florissante, dont on trouve au moins 80 établissements occupant près d'un millier de personnes, s'y est déjà établie. Dans le factum burlesque de 1740, reproduit p. 10, c'est l'âne d'un blanchisseur qui est demandeur ; cette industrie y existait donc à cette époque et on peut juger de son importance par les plaintes du cahier des doléances contre la ferme (p. 13) où l'on lit que c'est son industrie, le blanchissage du linge, qui fait subsister la paroisse de Vanves.

Deux briqueteries occupent 100 ouvriers environ ; une fabrique de produits chimiques emploie 10 ouvriers ; une fabrique de savon, 20 ouvriers ; deux fabriques de ballons en caoutchouc, 20 ouvriers ; une fabrique d'appareils de chirurgie, 10 ouvriers.

Commerce et productions du pays. — D'après l'enquête décennale de 1892, dont les chiffres ont été rectifiés en 1894 pour le département de la Seine, on trouve, à Vanves, les cultures ci-après :

TERRI-TOIRE			CULTURES LABOURABLES					CULTURES FOURRAGÈRES		HORTICULTURE		
Superficie totale	Agricole	Non agricole	Froment	Seigle	Avoine	Pommes de terre	Diverses	Betteraves fourragères	Prairies artificielles	Potagers maraîchers	Culture florale et d'ornement	Parcs et plaisances
hec.	hec.	hec.	hec.	hec.	hec.	hec.	hec.	hect.	hect.	hect.	hect.	hect.
243	142	101	6	9	10	25	7	12	14	18	20	17
					57				26		55	
							138 hectares					

Le rendement moyen par hectare est de :

Froment	30 hectolires
Avoine	50 —
Pommes de terre	150 quintaux
Betteraves . . . . , ...	450 —

Établissements privés de bienfaisance. — Une crèche privée fonctionne rue de la Mairie, n° 38. Cet établissement, qui contient 25 places, a été ouvert le 19 mars 1878; il est dirigé par les sœurs de la Providence (de Ruilli).

En 1899, 69 enfants ont été reçus; le nombre des journées de présence s'est élevé à 6.943, qui ont donné lieu à une dépense s'élevant à 3.880 francs. Une somme de 1.350 francs a été payée par les familles à titre de rétribution maternelle.

A la même adresse, on reçoit dans un immeuble dépendant de celui de la crèche, et qui aurait été légué par M. Larmeroux, des femmes âgées. Elles sont actuellement au nombre de 15. Bien que cet établissement soit privé, le Bureau de bienfaisance alloue à chacune des pensionnaires 2 kilogrammes de pain par semaine et leur assure le médecin et les médicaments.

Un asile privé d'aliénés est situé rue Falret, n° 2. Cet établissement, fondé en 1822 par les docteurs J.-P. Falret et F. Voisin, comprend 26 pavillons ou villas disséminés dans un parc de 17 hectares. On y reçoit des pensionnaires des deux sexes atteints de maladies mentales ou nerveuses.

Enfin, avenue des Closeaux, on trouve une maison de retraite privée fondée en 1892 par l'Association des demoiselles du commerce, qui ne reçoit que des sociétaires âgées de 55 ans au moins. L'établissement contient actuellement 10 à 12 pensionnaires.

Établissements privés d'enseignement. — Rue d'Issy, n° 5, se trouve une école privée, laïque, spéciale aux filles, qui comprend 1 classe enfantine, 4 classes primaires élémentaires et 1 classe primaire supérieure.

Cette école a été fréquentée, au cours de l'année scolaire 1899-1900, par 7 garçons de moins de 6 ans, au 1er janvier de cette année, et par 99 filles dont 16 de moins de 6 ans, 62 de 6 à 13 ans et 21 de plus de 13 ans, à la même date. 100 élèves étaient présents le 2 décembre 1899 et 98, le 2 juin suivant.

6 élèves ont fréquenté une autre école, au cours de l'année scolaire. Elle est tenue par une institutrice assistée de 5 adjointes.

Lycée Michelet. — Cet établissement, dont on a donné l'historique dans la première partie de ce travail, est installé dans un parc de 16 hectares et dans un site merveilleux. De la terrasse, qui borde les bâtiments, on jouit d'une vue admirable sur la Seine et que limitent seuls le Mont-Valérien et les ravissants coteaux de Saint-Cloud et de Suresnes, tandis qu'à vos pieds s'étagent les arbres séculaires du parc et que se perdent, au travers des verdoyantes pelouses, les sentiers qui serpentent aux flancs du coteau.

L'établissement est doté, à l'intérieur, de tout le confort moderne ; les dortoirs, les réfectoires, les salles d'étude et les classes réunissent les meilleures conditions de salubrité et d'agrément. Toutes les cours de récréation sont exposées au midi et sont pourvues de galeries vitrées et fermées permettant d'abriter les élèves pendant les mauvais temps. Une piscine de natation, établie dans le parc, réunit toutes les conditions de commodité et de sécurité pour les bains froids. Un manège couvert, muni d'une piste à air libre, met, dans l'intérieur du lycée, les exercices d'équitation à la portée des élèves qui en font la demande. Enfin, dans le parc, aussi, est installé un stand pour le tir réduit.

Le lycée Michelet donne l'enseignement classique et l'enseignement moderne, depuis la classe enfantine dirigée par une dame et les classes élémentaires pour les plus jeunes enfants jusqu'à la préparation aux baccalauréats et à certaines écoles de l'État (École normale supérieure (lettres), École navale, Institut agronomique).

Des cours spéciaux sont organisés pour les élèves, qui, au sortir du lycée, doivent entrer directement dans le commerce ou faire de l'agriculture et pour ceux qui se préparent aux écoles d'agriculture et de commerce.

Dans l'enseignement moderne, à partir de la classe de troisième, des manipulations gratuites de chimie sont instituées.

Nous allons donner le nombre des élèves :

Pendant l'année scolaire 1900-1901, il y avait au lycée Michelet 483 élèves dont 121 internes, 23 demi-pensionnaires et 59 externes pour l'enseignement classique; 106 internes, 9 demi-pensionnaires et 32 externes pour l'enseignement moderne, Enfin les classes mixtes ont été suivies par 73 internes, 6 demi-pensionnaires et 54 externes. La population scolaire du lycée a donc été composée, au cours de cette année, de 300 internes, 38 demi-pensionnaires et 145 externes.

Magasins généraux de la guerre. — Les magasins généraux de l'habillement et les docks du service de santé, installés antérieurement quai d'Orsay, à Paris, vont être transportés à Vanves. D'après un premier projet, ces magasins devaient occuper les terrains dits de la ferme du lycée Michelet. La municipalité ayant fait valoir qu'à raison de son emplacement, il était préférable, à tous les points de vue, dans l'intérêt de l'État comme dans celui de la commune, d'aliéner ces terrains et d'installer dans un endroit plus écarté les magasins de la guerre, un nouveau projet fut élaboré et définitivement adopté. Un décret du 20 décembre 1899, rendu en exécution d'une loi du même mois, déclara d'utilité publique l'acquisition de diverses parcelles d'une contenance totale de 3 h. 81 a. 86 c. situées à l'Ouest de la commune, au lieu dit les Carrières, à la limite des communes de Clamart et de Malakoff. Ces terrains ont été acquis au cours de 1900, moyennant un prix de 8 francs le mètre. Les travaux d'installation, évalués à 1 million 800.000 francs, vont être prochainement entrepris.

Les magasins seront reliés à la ligne de Montparnasse-Versailles par une voie ferrée.

Société coopérative de consommation. — Une Société coopérative de consommation a été fondée, en 1898, sous le titre « la Fraternelle de Vanves ».

Elle a pour objet l'approvisionnement de denrées alimentaires et marchandises de toute nature, et leur répartition entre les sociétaires, aux meilleures conditions possibles.

Le capital social a été constitué au moyen de parts de 5o francs souscrites par les sociétaires.

Ses magasins occupent un immeuble qu'elle a fait construire et qui est situé rue Sadi-Carnot, n° 76.

Sociétés diverses. — Il existe, à Vanves, de nombreuses Sociétés, dont nous allons donner une énumération rapide :

Les Prévoyants de l'avenir, la France prévoyante, la Boule de neige y ont chacune une section composée de 20 à 3o membres environ. La section des Vétérans comprend une centaine d'adhérents. Une Société d'épargne groupe 100 membres versant 24 fr. par an ; une autre, dite Dotation de la Jeunesse, réunit 20 membres payant 7 francs.

Deux fanfares, dites l'une Fanfare municipale, l'autre Fanfare de Vanves, ont chacune 4o membres payant une cotisation de 6 francs par an.

Le Choral de Vanves a 25 adhérents ; la Fauvette groupe un nombre à peu près égal de sociétaires payant une cotisation de 6 francs.

Deux Sociétés lyriques et dansantes ; l'Union fraternelle et l'Union amicale de la Jeunesse réunissent, la première 3o membres payant une cotisation de 6 francs par an, la seconde 5o membres qui versent annuellement 12 francs. Une Société des conscrits compte 20 membres payant 12 francs par an.

Enfin, l'Union commerciale a 4o adhérents qui versent une cotisation de 12 francs par an.

Médecins, pharmaciens, sages-femmes, vétérinaires. — 7 médecins, 3 pharmaciens, 3 sages-femmes, pas de vétérinaire.

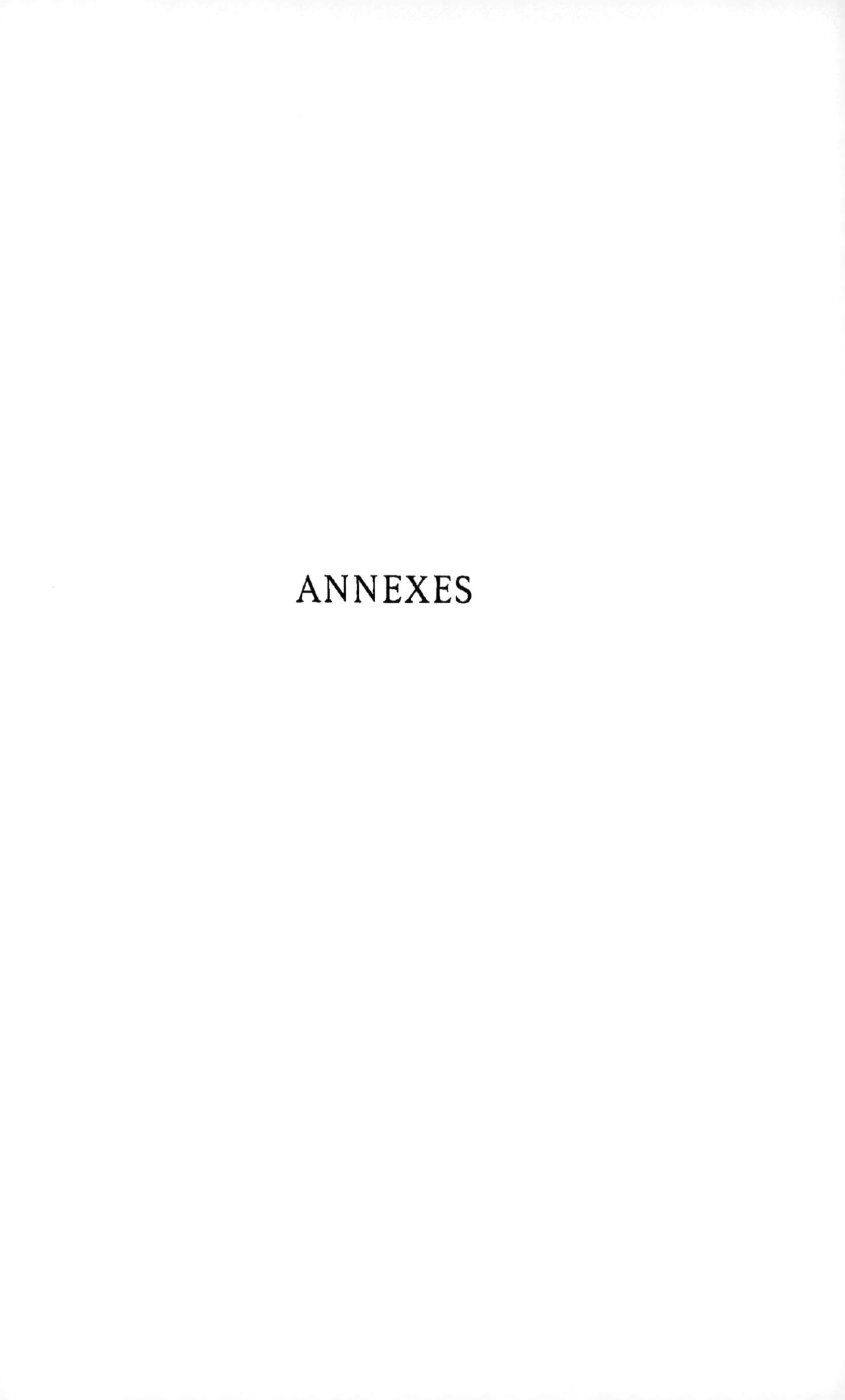

ANNEXES

CONSEIL MUNICIPAL (1901)

(Effectif légal : 23 membres)

MM. DUPONT, Jean-Marie-Joseph, maire.

JARROUSSE, Étienne, adjoint.

LEVIER, Léon-Victor-Roger, adjoint.

Dr ARNAUD, Léon-Émile-Joseph, conseiller.

BERTHIER, Louis-Aimé, conseiller.

DUCHAINE, Martial-Jean, conseiller.

BOUTIN, Victor-Alexandre, conseiller.

COURBARIEN, Georges, conseiller.

FESSARD, Charles-Louis, conseiller.

DELAHOCHE, Jean-Désiré, conseiller.

LAMORLETTE, Léon-Alexandre, conseiller.

MOJARD, Marie-Didier-Henri, conseiller.

BOUDOL, Eugène-Jacques, conseiller.

COIGNET, Victor-Gustave, conseiller.

CHARRET, Auguste-Charles-Albert, conseiller.

LÉTÉVÉ, Émile-Lucien-Cléophas, conseiller.

MORLET, Paul-Auguste, conseiller.

FERRANDIER, Michel, conseiller.

HOYELLE, Louis-Auguste, conseiller.

JACQUINOT, Gaston-Eugène, conseiller.

VEYSSADE, Louis, conseiller.

X...

X...

TARIF DES CONCESSIONS

DANS

LE CIMETIÈRE

(Délibération du 15 août 1836, approuvée le 6 octobre suivant)

CONCESSIONS PERPÉTUELLES

Un mètre sur deux mètres. . . . .   300 fr.

CONCESSIONS TRENTENAIRES

Un mètre sur deux mètres. . . . .   150 fr.

CONCESSIONS DÉCENNALES

Un mètre sur deux mètres. . . . .   66 fr.

DROITS DE SÉJOUR DANS LE CAVEAU PROVISOIRE

De 1 jour à 5 jours . . . .   5 fr.
De 6 — à 15 — . . . .   10 fr.
De 16 — à 30 —   . . . .   20 fr.
De 31 — à 60 jours . . . .   25 fr.
Chaque mois en plus . . . .   25 fr.

Le droit est dû pour chaque période commencée.

TARIF DES DROITS DE VOIRIE

(Approuvé par M. le Préfet de la Seine le 3o janvier 1861)

CONSTRUCTIONS NEUVES

Alignement:

1º De bâtiment en maçonnerie, pour chaque mètre de longueur en façade . . . . 3 fr. 5o

2º De construction en pan de bois, pour chaque mètre de longueur en façade. . . . . 5 fr. »

3º De mur de clôture, pour chaque mètre de longueur en façade. . . . . o fr. 70

Exhaussement d'un bâtiment, droit fixe par mètre et par étage. . . . . o fr. 85

CONSTRUCTIONS EN SAILLIE

Saillies fixes

Grand balcon, par mètre de longueur. . . . . 6 fr. »

Nota. — Sont considérés comme grands balcons ceux qui ont plus de o m. 22 de saillie.

Petit balcon, droit fixe . . . . 1 fr. 5o

Perron en pierre, droit fixe. . . . . 8 fr. »

Nota. — On payera en outre un droit pour la location du terrain communal occupé par ce perron. Ce droit sera déterminé par le traité qui autorisera l'occupation.

Colonne ou pilastre, droit fixe. . . . . 3 fr. »

Nota. — Ce droit sera dû lors même que les colonnes ou pilastres ne seraient en saillie qu'en partie.

Banc, isolé ou engagé, droit fixe . . . . 1 fr. »

Nota. — Dans le cas de remplacement d'un de ces divers objets, il ne sera perçu qu'un demi-droit.

Saillies mobiles

Auvent ou banne en bois ou en métal :

1° Au-dessus d'une boutique, droit fixe, par mètre linéaire. . . . . 1 fr. »

2° Au-dessus d'une porte dite marquise. . . . . 25 fr. »

Croisée munie de persiennes, volets, contrevents ou garnie de grilles ou barreaux en saillie, pour chaque croisée, droit fixe . . . . 0 fr. 90

Tableau-enseigne ou lanterne, droit fixe . . . . 4 fr. »

Echoppe, droit fixe . . . . 20 fr. »

Nota. — On payera en outre un droit pour la location du terrain communal occupé par les ouvrages. Ce droit sera déterminé par le traité qui autorisera l'occupation.

Devanture de boutique, droit fixe. . . . . 8 fr. »

TRAVAUX OU RÉPARATIONS

Reconstruction partielle d'un mur de face, y compris le bouchement des baies :

1° Au rez-de-chaussée d'un bâtiment, par mètre de long. 1 fr. 70

Nota.— Il ne pourra être compté moins d'un mètre.

2° Au-dessus du rez-de-chaussée, droit fixe . . . . . . 3 fr. 20

Ouverture avec ou sans linteau ou poitrail :

1° D'une croisée . . . . 2 fr. »

2° D'une porte bâtarde . . . . 4 fr. »

3° D'une porte charretière, cochère, grille. . . . . . . 6 fr. 50

4° D'une baie de boutique, le mètre linéaire. . . . . . 2 fr. »

Ravalement partiel ou général :

1° De la façade d'une maison, par mètre et par étage. . 0 fr. 25

2° D'un mur de clôture, par mètre linéaire . . . . . . 0 fr. 15

Colonne en fer ou poteau . . . . 4 fr. »

Revêtement en dalles, par mètre de longueur . . . . . 0 fr. 90

DROITS DIVERS

Barrière devant les travaux . . . . 2 fr. »

Étai, chevalement, contrefiche. . . . . 3 fr. 50

Dépôt de matériaux autorisé sur la voie publique, quelle qu'en soit la nature, par mètre superficiel et par mois. 0 fr. 30

Nota. — On ne pourra taxer moins d'un mètre.

TARIF DE L'OCTROI

(Délibération du 16 mars 1899. — Décret du 30 décembre 1899)

CHAPITRES DE PERCEPTION	OBJETS ASSUJETTIS AUX DROITS	POIDS ET MESURES	TAXES principales	spéciales	TOTAL
BOISSONS ET LIQUIDES	Vins en cercles et en bouteilles.	l'hectol.	o 6o	o 25	o 85
	Raisins secs.	Id.	—	» »	—
	Cidres, poirés et hydromels	Id.	o 35	o 15	o 5o
	Alcool pur contenu dans les eaux-de-vie et esprits, liqueurs et fruits à l'eau-de-vie, absinthe	Id.	6 »	3 »	9 »
	Alcool pur contenu dans les alcools dénaturés	Id.	o 4o	o 2o	o 6o
	Bières	Id.	2 5o	o 5o	3 »
	Vinaigres.	Id.	1 4o	o 6o	2 »
COMESTIBLES	Bœufs, taureaux, vaches, génisses.	par tête	4 »	3 »	7 »
	Veaux	Id.	1 5o	1 5o	3 »
	Moutons et brebis	Id.	o 5o	o 3o	o 8o
	Porcs, sangliers et marcassins	Id.	2 7o	1 »	3 7o
	Viande de boucherie	le kilogr.	o o2	o o1	o o3
	Issues et abats	Id.	o o2	o o1	o o3
	Viande de porc frais ou salé, charcuterie, saindoux et graisse de toute espèce.	Id.	o o2	o o2	o o4
	Chèvres et boucs	par tête	o 3o	o 15	o 45
	Agneaux et chevreaux.	Id.	o 55	o 25	o 8o
	Lapins	le kilogr.	o o3	o o2	o o5
	Gibiers	Id.	o 1o	o o5	o 15
	Volailles	Id.	o o5	o o5	o 1o
	Beurre	Id.	o o3	o o2	o o5
	Huîtres portugaises.	le 1oo	o 1o	o 1o	o 2o
	Autres huîtres.	Id.	o 2o	o 2o	o 4o
	Pâtés et terrines truffés.	le kilogr.	o 3o	o 2o	o 5o

CHAPITRES DE PERCEPTION	OBJETS ASSUJETTIS AUX DROITS	POIDS ET MESURES	TAXES principales	spéciales	TOTAL
COMBUSTIBLES	Bois à brûler { dur	le stère	o 5o	o 3o	o 8o
	Bois à brûler { tendre	Id.	o 5o	o 15	o 65
	Cotrets	le cent	1 5o	o 5o	2 »
	Fagots de menuise et falourdes autres que celles de boulangerie	Id.	1 »	o 5o	1 5o
	Charbon de bois et poussier	l'hectol.	o 10	o 10	o 20
	Charbons de terre gros et fin, coke, escarbille et tourbe carbonisée	100 kilog.	o 15	o 10	o 25
	Huiles minérales	Id.	1 6o	o 40	2 »
FOURRAGES	Paille du poids de 5 kilogrammes la botte	100 bottes	o 75	o 25	1 »
	Foin, sainfoin, luzerne et autres fourrages secs du poids de 5 kilogrammes la botte	Id.	1 20	o 3o	1 5o
	Avoine	l'hectol.	o 3o	o 10	o 40
	Son fin ou gros, remoulage, recoupe et issues	100 kilog.	o 3o	o 20	o 5o
MATÉRIAUX	Chaux vive, chaux hydraulique	l'hectol.	o 15	o 10	o 25
	Plâtre	Id.	o 20	o 10	o 3o
	Moellons bruts ou piqués, caillasse employée comme moellons, meulière et garni de toutes espèces	le m. cube	o 25	o 10	o 35
	Ciment de toutes espèces	100 kilog.	o 40	o 20	o 6o
	Pierre de taille granit	le m. cube	1 40	o 20	1 6o
	Ardoises grandes et petites	le mille	2 5o	o 5o	3 »
	Pavés et bordures en pierre et grès	le m. cube	o 25	o 10	o 35
	Marbre	Id.	3 »	1 »	4 »
	Briques, tuiles, carreaux, mitres et tuyaux destinés à la construction du bâtiment	le mille	1 3o	o 70	2 »
	Bois de chêne, châtaignier, orme, frêne, charme, noyer, merisier, prunier et autres fruitiers ou autres essences dures, charpente et sciage en grume	le stère	2 »	o 25	2 25
	Bois dur ouvré, charpente et sciage	Id.	2 5o	o 5o	3 »
	Bois de hêtre, sapin, platane, acacia, sycomore, peuplier, aulne, bouleau, tilleul, saule, marronnier, charpente et sciage en grume	Id.	1 5o	o 3o	1 8o
	Bois de charpente et sciage tendres ouvrés	Id.	2 »	o 25	2 25
	Lattes, treillages, échalas, bardeaux	100 bottes	2 5o	o 5o	3 »
	Fers, fontes, zinc de toute espèce, marquises, gouttières, réservoirs, plomb, cuivre neuf ou vieux façonnés ou non, destinés aux constructions immobilières	100 kilog.	1 »	o 5o	1 5o
OBJETS DIVERS	Vernis de toute espèce autres que ceux à l'alcool	Id.	2 »	1 »	3 »
	Essences de toutes espèces	Id.	2 »	1 »	3 »

TABLE

———

RENSEIGNEMENTS ADMINISTRATIFS

I. TOPOGRAPHIE, DÉMOGRAPHIE ET FINANCES

§ I. *Territoire et domaine*

§ II. *Démographie*

§ III. *Finances*

II. — SERVICES PUBLICS

§ I. *Bienfaisance*

§ II. *Enseignement*

§ III. *Voirie*

§ IV. *Justice et Police*

§ V. *Cultes*

§ VI. *Services divers*

COMPOSÉ, IMPRIMÉ ET BROCHÉ
PAR LES PUPILLES DU DÉPARTEMENT DE LA SEINE,
ÉLÈVES DE L'ÉCOLE D'ALEMBERT
A MONTÉVRAIN

COMPARAISON

DE LA

POPULATION

ET DES

RECETTES ORDINAIRES

Relevées aux époques de Recensement

(1801 à 1896)

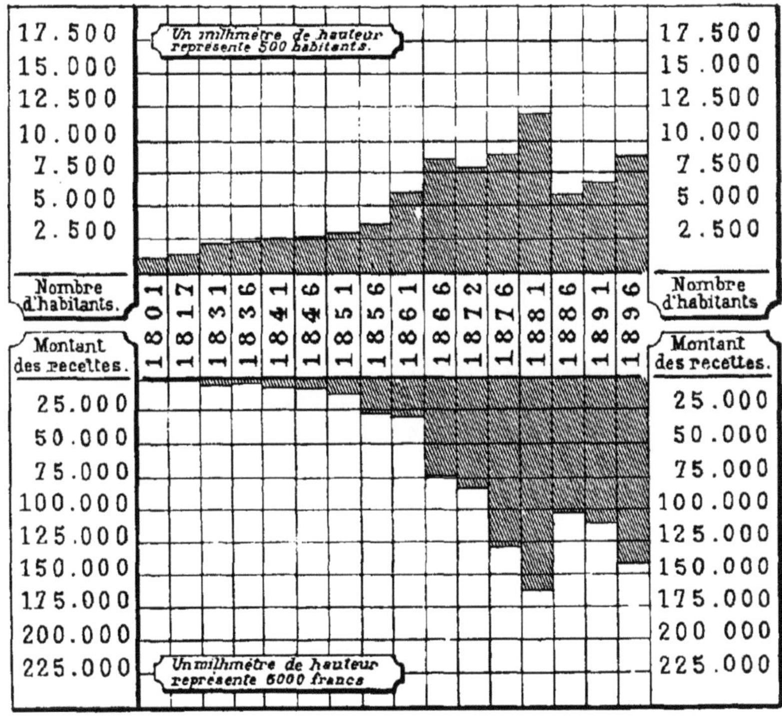

EN DÉPOT

A LA PRÉFECTURE DE LA SEINE

DIRECTION DES AFFAIRES DÉPARTEMENTALES

BUREAU DES COMMUNES

(Annexe Est de l'Hôtel de Ville)

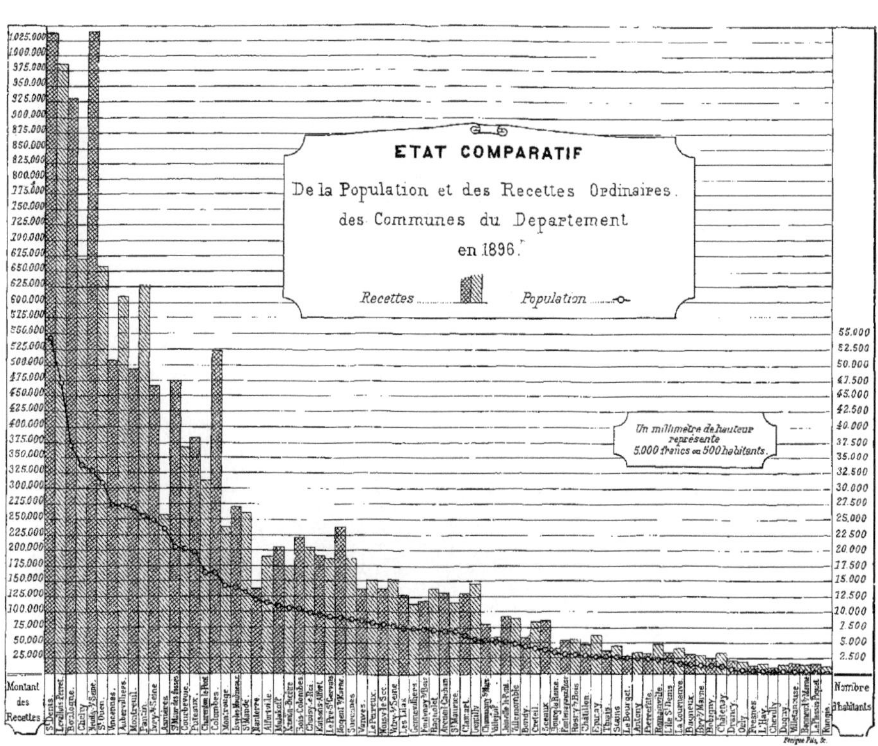

ETAT COMPARATIF
De la Population et des Recettes Ordinaires
des Communes du Département
en 1896.
Recettes
Population
Un millimètre de hauteur
représente
5.000 francs ou 500 habitants.
Montant des Recettes
Nombre d'habitants

Monographie des communes
du département de la Seine.
VANVES
Limites actuelles de la Commune reportées sur la Carte dite des Chasses (1764-1773) 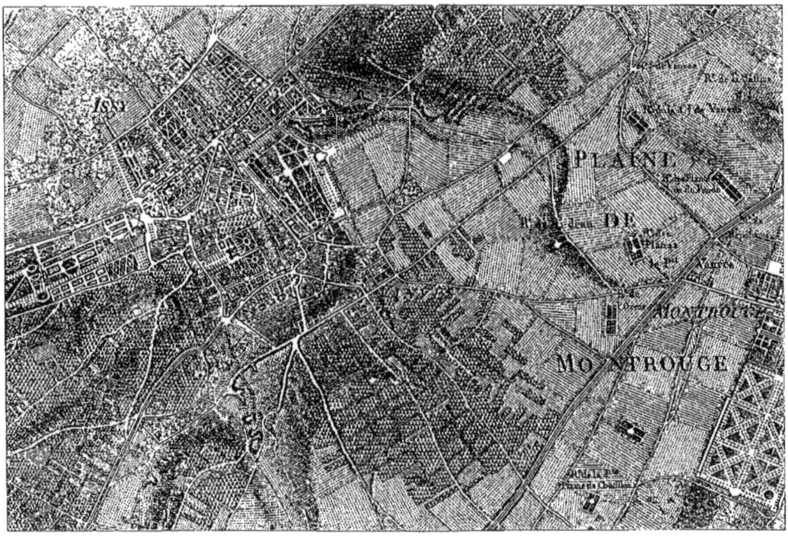
1883
PLAINE
DE
MONTROUGE
MONTROUGE
Echelle de 15 100 e

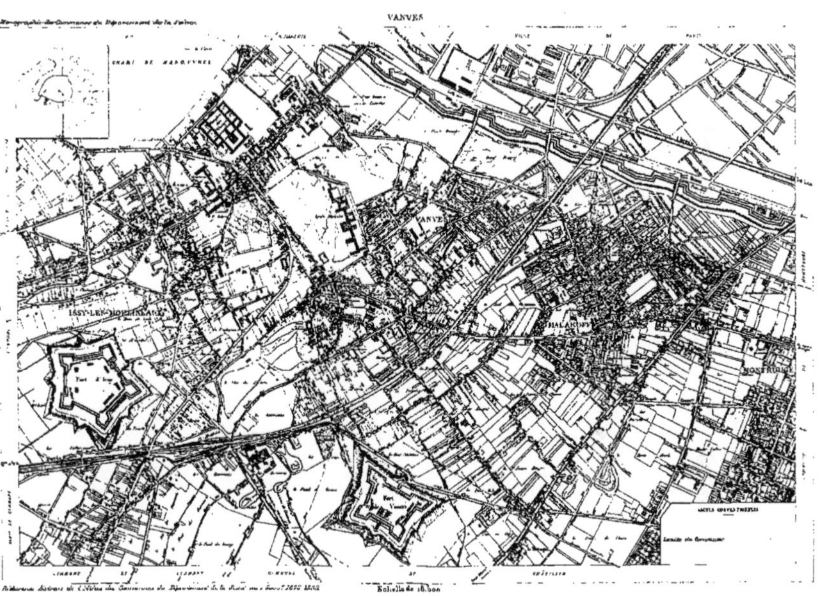
Monographie des Communes du Département de la Seine.
VANVES
CHAMP DE MANOEUVRES
VANVES
ISSY-LES-MOULINEAUX
MALAKOFF
MONTROUGE
Echelle de 10.000